年华似水·润物无声

——我和我的孩子们的故事

鲁边红◎著

吉林文史出版社

图书在版编目（CIP）数据

年华似水·润物无声：我和我的孩子们的故事 / 鲁边红著. — 长春：吉林文史出版社，2021.2

ISBN 978-7-5472-7632-7

Ⅰ.①年… Ⅱ.①鲁… Ⅲ.①小学教育—文集 Ⅳ.①G62-53

中国版本图书馆CIP数据核字（2021）第036566号

年华似水·润物无声：我和我的孩子们的故事
NIANHUASISHUI RUNWUWUSHENG WO HE WO DE HAIZIMEN DE GUSHI

著 作 者：鲁边红
责任编辑：程　明
封面设计：言之凿
出版发行：吉林文史出版社有限责任公司
电　　话：0431-81629369
地　　址：长春市福祉大路5788号
邮　　编：130117
网　　址：www.jlws.com.cn
印　　刷：北京政采印刷服务有限公司
开　　本：170mm×240mm　1/16
印　　张：14.5
字　　数：261千字
版印次：2021年2月第1版　2021年2月第1次印刷
书　　号：ISBN 978-7-5472-7632-7
定　　价：45.00元

目 录

第一篇　工作室研修

第二篇　论文精选

第三篇　日常教学

第四篇　随笔感悟

第一篇

工作室研修

2019年普洱市小学语文鲁边红名师工作室
工作情况汇报

尊敬的各位领导、专家评委：

在各级领导和学校的关心支持下，小学语文鲁边红名师工作室顺利地走过了2018—2019学年。在这一学年的活动中，工作室充分发挥名师在课堂教学、课堂改革、课题研究、教师培训等方面的示范、指导、引领作用，一方面从提高工作室成员的专业修养、教学能力和科研能力等几个方面入手，促进每一位成员综合教学能力的提高；另一方面，面向边疆教师组织开展语文教学培训活动、研讨和观摩等活动，促进教师的专业水平，提高教学质量。回顾和总结这一年的活动，主要有以下几个方面。

一、围绕工作目标开展活动

工作室以"提高小学生阅读能力有效性策略"为研究主题，以课堂教学和课外阅读教学探讨的课题研究为主要形式开展活动。

二、团队建设情况

工作室由普洱市教育体育局教科所小学语文室主任许胜老师做顾问、鲁边红老师主持和1区9县教师14人组成。据统计整个工作室团队有顾问1人、主持人1人、成员14人、学员67人，共计83人，本团队呈网状辐射到普洱市1区9县，范围非常广。

三、管理制度建设情况

为规范鲁边红名师工作室的管理、保证工作室活动顺利进行，在工作室启动之前我们就制定了较为详细的管理制度：

（1）规范资金管理，建立健全工作室台账，做到专款专用。按照上级文件精神，工作室每年将获得区、校两级分别是3万元、1万元的资金配套支持。4万元的资金将由主持人统筹安排，学校财务室按照财务管理制度严格管理，专项用于工作室的基本建设和按规定的内容开展业务工作，完成工作任务。

（2）努力搞好工作室的建设，合理利用培训资金购买相应的图书和影像资料，为培训工作提供物质条件。建立工作室成员个人信息登记表及发展性评价表。

（3）结合教学工作实际，做好教学指导和微型课题研究，促进工作室成员的专业成长。每学年由主持人牵头，组织全体成员，以参与式为主要方式，以课堂教学实例为主要载体，按计划开展活动。

（4）组织工作室成员外出交流学习，了解教育改革发展的形势，更新教育观念，达到取长补短的目的。

（5）以工作室的QQ群为平台，积极开展成员间的相互交流、学习，达到资源共享，共同进步的目的。

（6）对工作室成员进行任务分工，做到人人都有事做。制定考勤制度，不得无故请假。

四、教学示范情况

2018年9月到2019年8月期间，主持人鲁边红老师共执教3节示范课，指导2（段梅、李瑞菲）节示范课，组织工作室全体人员及部分学员观摩、学习、研讨；在主持人的帮助（电话、微信、QQ形式）指导下，每位成员每学年执教4节示范课，共计56节，供全体学员观摩、学习、研讨；在成员帮助、指导下，每位学员每学年执教5节校内研讨课，共计335节。

除此之外，工作室给每个成员和学员都定制了"教师专业成长足迹"，要求每位成员和学员完成读书笔记14篇、完成听课记录31篇。

五、教学研究情况

鲁边红名师工作室自启动以来以"提高小学生阅读能力有效性策略"为研究主题，在此期间由鲁边红老师牵头，引导成员根据课堂教学中存在的现实问题，确定每学年课堂教学研究专题及工作方案，组织全体成员参与，分工合作，共同完成专题研究任务，形成阶段性研究成果及报告，供更大范围内推广、借鉴和应用。到目前为止，工作室收到了14份成员工作计划、14份成员年度自评总结，70份学员工作计划与70份年度自评总结。

六、研修培训情况

活动时间	成员和学员参加人数	总人次	内容
1. 2018年9月16日—19日	29	29	反馈意见、制订计划
2. 2018年10月18日—22日	12	12	（走出去）到北京学习绘本课程
3. 2018年11月14日—17日	28	218	（请进来）四坊联动
4. 2018年12月20日—22日	32	32	（请进来）观摩、学习（普洱学院）
5. 2019年4月9日—15日	19	19	（走出去）南京考察学习（亲近母语）
6. 2019年5月9日—11日	14	224	到孟连送教下乡
7. 2019年6月19日—22日	41	98	学员课堂教学竞赛，成员微课竞赛
8. 2019年9月19日—21日	17	58	（请进来）开展专题讲座（普洱学院）
合计	192	690	

七、取得成效

通过鲁边红名师工作室工作的推进，以"提高小学生阅读能力有效性策略"为主题的主要培训目的取得了一定的成效：

（1）工作室成员和学员综合素质有所提高。在鲁边红老师的指导和要求下，每位成员和学员都认真阅读、做读书笔记，提高自身的素养；认真分析学生在阅读中存在的问题，通过探索寻找解决问题的方法，使学生爱上阅读、爱上写作；认真学习示范课、认真听讲座，提高了教师的专业素养；每位成员和学员通过学习，对阅读、对小学语文教学有了一定的认识，有7篇论文和教学感想在刊物上发表。

（2）学生阅读情况有所改善。随着工作室活动的开展，各成员、学员都对学生阅读情况更加重视，通过各种方式引导学生阅读、让学生养成阅读的习惯。一年以来，学生的阅读情况有了很大改变，学生开始喜欢阅读，养成了阅读的习惯，随着阅读量的增加，学生的阅读能力、写作能力都有一定程度的提高，使学生的考试成绩有了提升。

（3）社会影响较大。鲁边红老师的阅读方法在各区县、各学校都有很大影响。工作室屡次收到各区县教育局邀请，邀请鲁老师和工作室成员分享关于语文教学和培养学生阅读兴趣的经验。工作室成员每到一个学校开展活动都能得到当地教育局、学校的热烈欢迎。

（4）以课题研究为依托，提高了教师科研能力。①明确目标，引领示范作用。开学初工作室主持人为成员提供了丰富的教育教学理论专著，认真组织教师学习，撰写读书笔记，并积极分享读书心得。工作室研修成员在读书过程中，系统学习中外先进教育理念、新课程理论与课程标准，转变教学观念，更新知识结构，了解当前教育改革与发展的前沿动态，准确把握语文学科教学的脉动。每一次读书心得分享会上，工作室研修成员更是结合教学实践，畅谈教学感受，倾诉教学困惑，研究解决方法，介绍个人成长经历，或就某个专题开展专题讨论，发表自己的见解，展示自己的才能，不断提出问题，展开热烈讨论，真正做到在读书过程中确有所思，确有所悟，实现了理论与实践的结合。自主学习和研究，帮助工作室研修成员形成具有个性的思考或观点，也为其撰写教育教学论文夯实了理论基础。②建立平台，交流分享教学经验，辐射教育成果。课堂是教师的主战场。鲁边红名师工作室特别注重教学实践的开展。主持人对工作室研修人员进行教学实践指导，帮助工作室研修人员把脉课堂教学；自己亲自上示范课，指导学员、成员备课上课，组织工作室研修人员参加精品课例观摩研讨，围绕研讨专题带着问题听课，积极发表见解，并将研讨成果迁移到自己的课堂教学中，打造精品课堂。2019年3月，工作室的主持人和成员一起，指导普洱市思茅区第一小学的学员刘旖彤参加云南省青年教师素养大赛，荣获二等奖。工作室要求每一位成员都要进行市级公开课展示，每一堂公开课的展示都历经多次打磨；教学探索开展主题研究课，工作室还承担教育示范和引领作用，所以工作室多次开展"送课下乡"活动，对教育教学相对薄弱的县级学校进行教学展示，辐射工作室教育成果。③科学探索，开展课题研究，引领学科发展。科研能力反映教师教学的高度，为了提升工作室成员的科研能力，工作室主持人积极申报市级课题"小学生阅读能力的有效性策略"，即将结题。从课题的提出、研究方案的制定、课题研究的组织实施，到研究成果的总结提升，都邀请专家指导（普洱学院的教授），做到规范、科学，充分发挥了名师的引领作用和集体的智慧。工作室成员积极阅读相关课题研究，开展实现"提高教育教学质量，优化教育资源，共享教研成果，促进教师专业成长，提升教师专业素养"的共同目标。作为一名教师，不但要会教书，还要学会反思，不是要成为一名教书匠，而是努力成为一名科研型、紧跟时代步伐的教师。工作中要有研究重点和实践方向，努力实践总结，力争形成自己的特色成果。通过开展课题研究，教师们转变了观念，改变了自己的教学行为，积极大胆探索、实践。此外，强调课题研究过程中的严谨性和科学性，鼓励工作室研修人员以课题研究为依托，积极撰写科研论文，认真关注课堂，收集课例，不仅形成了固化的教学成果，也培养了一批教学能力和科研能力都不断提高的青年教师。同时，工作室还注重教学教研成果的汇编，积极进行专著的编写，形成固化的教学成果，并以观摩课、研讨会或是论坛的形式，在全市范围内介绍推广，更大范围辐射工作室的教科研成果。

（5）孟连县的郭慧岚老师团队参与了广州的"大树下"公益活动，他们给边疆偏远地区的孩子捐赠图书，希望山区孩子通过阅读能拓展眼界，打开一扇看世界的窗户，通过知识改变思想，改变命运，不再龟缩在自己的小圈子。郭慧岚老师的阅读活动成果突出，其团队的阅读活动美篇先后两次入选"大树下"公众号。

（6）工作室学员在主持人的带领下，积极在各个学校开展活动，边学边摸索，不断成长起来。教育理念、教育行为都得到了提高。结合课题研究的主题，积极开展班级、校级、县级的读书活动，努力带动"全民阅读"。班级中开展好书推荐、写读书心得、课本剧表演、亲子阅读，建立图书角、图书墙，把"阅读"落到实处，阅读教育成为教学中的重中之重，阅读才是语文的根。"小学生阅读能力的有效性培养"课题研究因为教师的积极参与，取得了一定的成效。教师积极撰写论文，记录心得体会，总结、反思，进一步提高了自己的专业水平。

八、特色创新

（1）不断学习，提高教师的素养。不固守观念，大胆尝试新鲜事物，只有教师是一个积极上进的人，才会培养出会学习的学生。九年义务教育阶段的语文课程，必须面向全体学生，使学生获得基本的语文素养，语文课程应激发和培育学生热爱祖国语文的思想感情，引导学生丰富语言的积累，培养语感，发展思维，初步掌握学习语文的基本方法，养成良好的学习习惯，使他们具有适应实际需要的识字写字能力、阅读能力、写作能力、口语交际能力，正确地理解和运用祖国语文。同时，语文课程还应通过优秀文化的熏陶感染，提高学生的思想道德修养和审美情趣，使他们逐步形成良好的个性和健全的人格，促进德、智、体、美诸方面的和谐发展。语文素养重在综合，它以语文能力（识字、写字、阅读、习作、口语交际）为核心，是语文知识、语文能力、语言积累、审美情趣、思想道德、个性品质、学习方法、学习习惯的融合，培养学生的语文素养。

（2）课题研究使我们学到了如何开展课堂研究的意义以及如何开展课题研究。把"成长"当作"成果"。小学教育科研成果既有目标指向性，又有过程性和生成性。在研结束后，教师们将按计划对整个研究过程进行分析和总结，提炼经验。把自己对教育科研的认识、体验、感悟写出来与同伴交流；把教学过程成功的案例记录下来，并用新理论加以剖析与同事共享；把教学经验总结出来，教学成果撰写成论文呈现出来与同行们共同切磋交流，从而不断从研讨过程中总结出经验，并用它去指导平时教学实践，以提升自己业务水平。还要不断进行自我反思，通过反思能正确地认识自己，通过反思客观地评价自己，进而提高教师教育教学行为的自觉性。让课堂教学的成功或失败等能为以后的教学提供借鉴，也就是使经验得以提升，失误得以避免，实现这些最好的办法就是勤写教学反思。而撰写教学反思既可以防止教育机智、教学感受的流失，教学中的"缺陷"与"遗憾"的忘记，为我们今后的教学经验总结，进行行动研究提供鲜活的素材，促使教师有效进行自评、自查、自省、自改，达到自主提高的目的。同时，教师要主动学习最新教育研究成果，积极进行思考和创新，认真寻找有效的解决问题的办法，促进教师的教学水平的提高。为此，我们认为，小学教育科研的最大成果应该是教师的成长和提高，这也是小学开展教育科研的意义和目的所在。

（3）课题研究得出的培养学生能力的有效性策略：

① 亲子阅读。

② 用固定的时间读书给孩子听。家长、教师一起来做这件事。

③ 利用周围的环境来熏陶，变成书香班级，如读书墙、贴阅读收获、介绍一本好书……

④ 每周一次的读书活动，讲故事、好书推荐、我是小小朗读者……

⑤ 课本剧的表演，也是读书之后一个吸收、内化、表达的过程。

⑥ 利用节假日，家长参与开展读书活动。例如4月23日世界读书日……

⑦ 写话练习，学以致用。看书不多就写不出来。

⑧ 利用打卡的方式监督孩子阅读，改变从家长开始。

⑨ 表扬爱看书的同学，树立榜样。

⑩ 经常读学生自己的习作。

⑪ 交给学生读书的方法。

⑫ 轮流写班级日记，每一个人都能看到别人的表达，互相学习，潜移

默化。

⑬ 一定要家长配合，一定要规定时间，必须要监督到位。

⑭ 教师、家长和孩子一起读书，还需要互动交流。

⑮ 积极参加各种习作比赛，利用契机，爱上阅读。

⑯ 布置读书后，教师不检查，只是让学生去读，教师不参与其中，效果不好。

⑰ 把任何事和读书联系起来，让学生自己感觉到：读书和呼吸一样自然，就像每天要吃饭一样，读书成为生活的一部分。

⑱ 班上要有读书的氛围，把课间、中午到校时间利用起来，努力成为书香班级。

⑲ 参加兴趣班的学习，如口才训练班、课外阅读班……

㉑ 课堂上要舍得花时间给学生看书，少讲几句，留出阅读的时间。

㉒ 教师自己首先成为一个爱看书学习的人，转变观念，才会有许多方法教学生爱上阅读，改变从教师开始。

㉓ 不管怎样，学生爱不爱阅读，关键看教师是否在"坚持"做阅读这件事。

㉔ 利用好网络平台，读书、看书、写书……

㉕ 开展课堂教学竞赛，微课比赛，提高教师的理论水平、教学水平。

㉖ 看、说、写完美结合。

九、辐射影响

鲁边红名师工作室体现"1×14×5"的活动模式，工作室成员来自普洱市1区9县，辐射范围很广。工作室的作用应该是"与时俱进，引领潮流；专题讲座，多方辐射"。学习是必不可少的，教师多读书才能带领学生去读书，带领学校的教师去读书，带领家长去读书，以至于影响到整个社会。"一个人可以走得很快，但不可能走得很远，只有一群人才能走得更远。"名师工作室的建立，旨在发挥名师团队的引领作用，从而对当地教育教学产生辐射作用。而要发挥切实的引领、辐射作用，我觉得专题讲座是一条有效的途径。工作室多次受各区县教育局邀请分享关于语文教学和培养学生阅读兴趣的经验。工作室成员每到一个学校开展活动都能得到当地教育局、学校的热烈欢迎。

工作室带出了一批名师，14名教师中有3名教师成为市级"学科带头人"，占成员总人数的21.4%；有3名教师成为县级"骨干教师"，占成员总人数的21.4%；孟连县郭慧岚老师2019年8月成为县级小学语文名师工作室的主持人。

十、存在问题

当然，工作室在活动当中还存在一定问题：

（1）由于成员遍布1区9县，导致联系和交流存在一定的困难，不是那么直接和到位。

（2）工作室每次活动交流后还需要进行更深层次的反思和总结。

十一、改进措施

工作室在以后的工作学习中还需要进行以下改进：

（1）善用微信、电话、QQ群，加大力度，活跃教研氛围，加强工作室成员、学员之间的联系，让大家积极发言、善思、善学。

（2）每次活动后，工作室成员、学员进行反思和总结，之后还需要学以致用，转变观念、改变教学行为，提升理论水平，做一个积极上进的科研型教师。

体验绘本之旅，感悟阅读之乐

——普洱市小学语文鲁边红名师工作室第8次研修活动简报

金秋十月，五湖四海，欢聚一堂。京城的秋色，美在一份明澈，一阵清凉，一片绚烂。只有在这个时候，这座古老的城市才会显露它真正的美。难免令人寻着秋的韵致，感悟人生的味道。在北京师范大学的校园里，你能感受到唯有读书，那是一种无须任何雕饰、超然物外的美。大学校园里随意走走，都令人怦然心动。

2018年10月18日—20日，小学语文鲁边红工作室一行12个人，到北京参加第三届全国小学绘本课程与教学研讨会。本次小学绘本课程与教学研讨会，聚焦"传统与现代"的主题，探讨中文原创绘本的价值与意义，引发学术、创作界、出版界的多方碰撞与共鸣；利用中文原创绘本和国外优秀绘本，继续尝试进行教育教学，包括绘本阅读教学、跨学科绘本教学的大胆探索，关注儿童的生活、道德、情感和能力的和谐发展。同时，本届大会将目光投向学前教育领域，关注学前教育绘本教学，关注儿童的可持续健康发展。

专家教授站在另一高度解说了儿童阅读绘本的意义。绘本何止是文字之本，图画之本，她更是精简之本，是深化形象艺术之本，是开启阅读旅程之本，是深邃智慧之本！语文教育简而化之就是读之，写之；入之，出之。读书要读"话"，在头脑中再现作者创造的画面；写作是把自己头脑中的画面，转化成"话"，在"画"和"话"之间转换，必须要用智慧作舟。在

第一篇　工作室研修

此间怡情养性，恣意挥洒，激情燃烧。7节绘本课给我们带来了不一样的体验，真正做到了绘本走进孩子的生命。一个个快乐有趣、意味深长的故事，慢慢沁润着孩子，渐渐感染着孩子，既是一次美妙的阅读，更是一场心灵的盛宴。我们看到绘本，改变孩子的课堂。借助绘本素材，开展有趣的课堂实践活动，进行学科间的多元融合，全面提高孩子的素养，令课堂焕发生机，点亮了每个孩子的心。绘本启迪孩子的智慧。欣赏绘本中的图画，阅读绘本中的文字，给孩子们留下了无穷的想象空间：融入故事、思考质疑、推测联想、自助表达，促进孩子能力的全面提升。顿悟很多，原来，太多的中国原创绘本，都和中国的传统文化有关，脱离了文化的背景，是根本无法走"进"读本的。展示课《尾生与金鱼》的故事，就源自《庄子·盗跖》："尾生与女子期于梁下，女子不来，水至不去，抱梁柱而死。"与"尾生"有关的成语，还有"尾生抱柱""尾生之信"。带给我启发的，不仅仅是课堂上"小鱼儿"老师娴熟的教学技能、把控课堂的能力和"浓郁的中国风"。更让我记住的是：为了更好地呈现一堂课，是需要读很多很多相关内容的书来支撑这堂课，而带领孩子们分享、阅读故事，进入课堂教学时，是需要理性地做"减法"的。

听课的空余时间，我们一刻也没停下，除了整理听课学习的笔记，还在不断反思。

没有人带领我们，形成这么完善的格局、框架，自己的知识积累，也远远不够。

但好在一切都还不晚，至少我们的方向是对的——我们知道绘本阅读，远远不只受限于语文学科；我们也尝试着分组归类推荐、分享；我们明白亲子阅读，是绘本阅读最重要的阅读形式……

大会给了我们很多的启发和收获，也打开了我们灵感之窗。我觉得绘本教学主体应该是孩子。孩子的观察力很多时候是超过大人的，我一直觉得孩子不比成人笨，只是不如成人有经验。而孩子的观察力在读绘本时会突破极限。教师应该设计符合孩子年龄特点、学习特点，有效推动孩子翻页欲望的问题，激发孩子观察、想象、推理，再在成人的夸奖下自信地表达。而成人的夸奖应该具象。例如，夸奖孩子找到了绘本中的细节，夸奖孩子敢于想象故事情节的发展，夸奖孩子能够结合阅读经验推理等具体的有效策略。后期一系列的延伸再读也必不可少。还有很多想法无法靠只字片语来表达。总而言之，有收获、有碰撞、有火花。

第三届全国小学绘本课程与教学研讨会顺利结束。短暂的三天，留给大家的是关于未来的不断思考，带给大家的是不同绘本教育思想的碰撞和融合。让我们期待来年金秋十月，让我们再相聚北师大，希望彼时能够有更多新的路径被大家发掘，有更多的绘本之花竞相绽放！

第一篇 工作室研修

"小学生阅读习惯养成研究"开题报告

一、选题的目的、意义和理论支持

良好的阅读习惯是学好其他学科的基础，阅读习惯的培养会使学生终身受益。新课标明确提出学校要确立大教育观，从小激发学生的阅读期待，培养阅读方法，养成阅读习惯。引导学生养成良好阅读习惯，好读书、读好书，一生与好书相伴。但是小学生课外阅读现状却不容乐观，在实际调查中发现相当多的学生存在以下问题：

（1）缺乏阅读兴趣，阅读量少。很多学生并不爱看书，他们是因为教师和父母的规定而不得不阅读，只要不在教师和父母的视线范围，就不愿主动拿起书本，即使捧起书也不会全身心地投入其中。这种阅读兴趣的缺失，造成了阅读量少、语言吸收和积累不够、阅读质量不高的局面。从某种意义上说阅读兴趣的缺乏是学生阅读的最大敌人。

（2）盲目择书，阅读内容单一。有些学生家长因为没有经验，在择书时有些盲目，书目过于单一，只给孩子买作文选、作文大全、作文向导等书，阅读带着明显功利色彩，缺少真正的心灵自由，难以见到学生迸发个性的思想火花；或是盲目听从孩子的意见，选择一些要求不切实际的书籍，如动漫、卡通之类的书籍。这样就造成阅读面狭窄，不利于学生健康的阅读。

（3）不重积累，良好的阅读习惯仍没养成。很多学生阅读纯粹是"读"情节，"一读了之"，没有记忆、积累的自觉，因而阅读效果不佳，仍然存在语感不强，语言不丰富，作文根基浅等问题。

以上问题在教师中也普遍存在。教师工作压力大，工作任务重，这也是影响阅读的一个重要因素，再加上个人兴趣指向的千差万别，阅读，似乎成了一件奢侈的事情。

阅读在渐渐远离我们的生活。没有了阅读的滋养，我们的心灵还能保持鲜活吗？我们的举手投足、一笑一颦间还能洋溢出浓浓的书卷味吗？我们教师还能以深厚的人文素养去感染和激励学生吗？

苏霍姆林斯基说："学校教育的缺点之一就是没有那种占据学生全部理智和心灵的真正阅读。没有这样的阅读，学生就没有学习的愿望，他们的精神世界就变得狭窄和贫乏。""对所读东西的领会取决于阅读过程的情绪色彩：如果一个人渴望读书，阅读的时刻给他带来欢乐，那么所读东西就会深刻印在他的意识里。""读书是教育最本质的活动，读书是学校最根本的任务，读书是发展学生最基本的途径，读书是教师精神成长的最重要的源泉。"他建议我们："请不必害怕把学校教学的整块时间用在让学生读书上面去！你不必害怕让学生花一整天的时间到'书籍的海洋'里去遨游。让书籍以欢乐的激情去充实年轻的心灵吧！"

著名学者朱永新这样谈读书："在一定意义上说，一个人的精神发育史就是一个人的阅读史，而一个民族的精神发育水平，在很大程度上是取决于这个民族的阅读状况的。""一个崇尚读书的民族一定是一个理性的优秀的民族，一个崇尚读书的社会一定是一个充满希望的社会，而一个崇尚读书的校园一定是一个健康而充满生机的校园。"

基于责任的驱使，我们提出让阅读成为一种乐趣、一种情操、一种陶冶；通过确立阅读期待、教给阅读方法、培养阅读习惯，激发学生自发阅读、自觉阅读的兴趣，扩大阅读面，增加阅读量，引导学生好读书、读好书，一生与好书相伴。

二、课题的研究现状

就国内外现有研究看，国内外都很重视儿童阅读教育的研究。但是纯粹的养成教育理论研究少见。

从我们国内的阅读研究的情况看，目前很多学校和教师在加大学生的阅读量、激发学生的阅读兴趣、丰富学生的阅读实践等方面，进行了很多有益的尝试，总结出了不少可贵的经验。著名儿童文学家梅子涵先生对小学生的课外阅读十分推崇，他认为童年时代的课外阅读为其一生的发展作铺垫。北京市特级教师窦桂梅的《语文教学要关注人的发展》在推荐阅读书目、拓宽阅读范围、积累语言文字、熏陶民族文化等方面，值得我们借鉴与学习。以上阅读的研究成果与实施措施，都为我们的阅读研究提供了有力的指导、帮助与警示。

很多教育工作者、研究人员意识到培养读书习惯的重要。与之相关的学习习惯的研究是一个热门话题，学者们在学生学习习惯的地位、分类、成因分析、矫正方法和培养途径方面都有不同深度的论述。国外的许多专家从心理学的层次研究了学习习惯在学习过程中的作用和地位。在心理学的科学实验和理论探讨中，研究涉及学习策略、学习动机和学习兴趣等许多领域，其中对学习策略的研究和探讨是热点，提出了大量的有关学习策略的思想和理论模型，为我们的教育实践研究提供了相应的理论指导。但总的来说，缺乏从读书习惯培养角度来探讨习惯策略的研究。

三、课题研究的主要内容

（1）加强环境建设，推进学校图书室、班级图书角、家庭书房的建设，营造"家庭—班级—学校"全方位阅读氛围，充分挖掘各种阅读资源，促进教师、学生、家长共同发展。

（2）整合资源，开展对话，组织丰富多彩的读书活动，激发学生的阅读兴趣，指导学生阅读方法，培养学生的综合人文素养。

（3）通过课内外贯通融合，培养学生良好的阅读习惯和能力，并着力构建学生课外阅读能力的自主化、自动化品质，为促进学生的终身学习奠定基础。

（4）做到"五个养成"：

① 养成购书借书的习惯。广泛阅读，应有书源。鼓励购书、借书，成立班级图书角，保持书源不断，读时有书。

② 养成自觉阅读的习惯。阅读习惯的养成，贵在"自觉"二字。当学生有了时间，就会自觉地读书，阅读习惯自然就形成了。

③ 养成读书动笔的习惯。古人曰："不动笔墨不读书。"读书能动笔，是读书有收获重要之处。"走马观花"式的读书，将无法形成喜爱读书，扎实读书的态度，实效性不大。

④ 养成边读边思的习惯。一边读书，一边思考，是保持阅读习惯持久的关键之处。读有所思，才会品出读书的乐趣，读书的益处。当读书有了兴趣，经常性的读书才会成为自觉的行动。

⑤ 养成爱惜书籍的习惯。建立家庭自己的小书库，改正随便撕书、在书中乱写乱画的坏习惯。

（5）实现"三个提高"：

① 提高自觉意识。引导学生在良好阅读习惯培养过程中去认识自觉读书是自觉意识的体现，让学生的自主意识在阅读习惯中形为自觉读书的行为。

② 提高阅读水平。阅读习惯的养成，最终是要达到阅读水平不断提高的目的。因此，在读书习惯的养成过程中，要注意帮助学生不断提高阅读水平。

③ 提高阅读成效。有成效的读书，才是有收获的读书。因此，学校应多层次，多方面引导学生读有所获。

（6）形成"两个局面"：

① 形成爱阅读的局面。当学生有了会读书的兴趣，读书的愿望才会强烈。读书的行动才会持久，这样有利于阅读习惯的养成。

② 形成会阅读的局面。当学生有了会阅读的能力，读书的兴趣会更浓，读书的效果会更好，这样有利于阅读水平的提高。

（7）创建学习型、书香型校园，丰富教育内涵，推动学校可持续发展。把学校建成读书乐园，营造自觉读书，喜爱读书，争相读书的氛围。

四、研究目标

（1）通过阅读，使学生逐渐热爱读书，自觉读书，享受书香世界的精彩。

（2）通过阅读，使学生素养得到提升，让学生在书香中成长，在享受阅读中发展。

（3）通过阅读，建构充满书香的"学习型校园"，使师生一起体验生命的活力，促进教师的专业成长，实现学校的内涵发展。

五、研究方法与过程

本课题既属于操作性研究，又属于探索性研究。主要采取行动研究法，教师在实施课外阅读指导的过程中，使学生在教师的指导下逐步自学形成自主读书能力和良好的阅读习惯。教师重点指导学生独立阅读，针对实践问题进行研究，去发现问题，最终解决问题。研究的过程首先遵循行动研究的一般方法：诊断、学习、计划、实施和反思，根据总的课题研究方案和阶段研究方案，注重数据分析的真实性，及时做好阶段总结分析，在总结分析的基础上制定出阶段研究目标、确保研究工作的有序性和有效性。

（1）行动研究法。是本课题主要的研究方法，通过对学生课外阅读状况的分析与研究，制订出课外阅读的具体计划，开展实践与研究，并在不断研究的过程中采用边学习、边研究、边改进、边总结、边提炼的研究方法，在研究过程中培养一支高素质的学生课外阅读指导队伍。

（2）调查研究法。通过调查把握学生的阅读状况，分析存在的问题、了解课外阅读的教学情况及其效果。

（3）经验总结法。课题组的教师不断研究，及时总结提炼成功的经验。避免一切从头做起，善于总结和筛选以往的经验，并在研究过程中不断总结新经验，以保证课题研究资源得到最大限度的开发和利用。

（4）文献资料法。利用现代信息网络手段广泛收集和查阅国内外相关研究资料，参考或直接应用相关成果，进行综合分析，寻求理论与实践创新，避免重复研究，浪费资源，以保证课题研究的高起点和课题成果的高水平。

为了把以上研究方法落到实处，进行阅读习惯养成研究探讨，制定以下对策：

（1）激发兴趣，让学生爱上读书。学生对课外阅读的兴趣，特别是农村的孩子，未必个个都浓厚，要靠教师的培养。学生对学习一旦有了兴趣，就会产生巨大动力，鼓舞和推动自己主动学习。教师应设法激发学生的课外阅读兴趣。在这一过程中针对小学生天真活泼、爱听故事、喜欢表演等特点组织别开生面的活动，如背儿歌、吟诵诗词、朗诵散文、猜谜语、讲故事、编故事等。

（2）推荐好书，拓宽阅读来源。苏霍姆林斯基曾说过："学生读的书越多，他的思考就越清晰，他的智慧力量就越活跃。"因此，教师要拓宽学生获取书的途径，推荐各种好书，让学生多阅读。首先，积极建立班级图书角，鼓励经济条件好的同学多带书来。同时，教师积极寻找书源，丰富图书量。使学生有书共读。其次，教师跟家长进行联系，和他们阐明读书的重要性，让他们重视课外阅读，多选购些思想内容健康、适合孩子的课外读物。最后，和学校沟通，保持图书室的开放性，让学生有更多的书读，博览群书，开阔眼界。

有足够的书读，还不行，教师还要给学生推荐各种好书。我们根据学生的年龄特点和认识水平以及爱好把适合他们阅读的各种报纸杂志，在课内、课外推荐。把适合学生阅读的书籍带进教室，供学生传阅。也让学生互荐好书。每月召开一次阅读好书经验交流会，让每个学生说说自己读的是什么书，它好在哪里，来自何处，用最简洁的语言把书上最精华的部分概括出来推荐给大家，以达到资源共享。学生能读到自己喜爱的书，兴趣自然也就提高了。

（3）结合课堂教学，营造阅读气氛。一是强调"自主体验"，给学生自我创造的空间和时间，把想象的空间留给学生，把判断的权力让给学生，把表达的自由还给学生，真正体现学生学习的自主性。学习中能运用自己的知识，自主体验、自主感悟，能在教师的帮助下独立地感知、学习、理解、提高，把书本知识变成自己的精神财富，能通过主观努力，实现自我的超越。二是强调"自由提问"。读而能问，不仅是学生认识的突进，还能使学生产生巨大的阅读能动性，促进学生主动探索和深入发现，推动阅读不断向纵深发展。阅读过程是一个不断形成问题意识的过程，学生一旦读入情境，会全力调动自己原有的认知经验参与当前的阅读活动，去解决自己能读懂的内容，提出自己无法读懂的问题。教师要充分把握时机，尊重学生，给他们提供质疑的时间和空间，使他们有问能够提。

（4）开展各项活动，检查阅读成果。阅读的气氛提高了，但如何持久，这是关键的问题。在实践中，我发现只有多开展阅读活动，对学生的阅读情况加以肯定，才能促使他们不断阅读。例如，开展讲故事比赛，当学生进行了一个阶段的课外阅读后，让他们汇报成果。这样不仅肯定了他们，而且还可以带动少数不爱读书的学生一起读书。因为听故事是没有负担的，而且能从讲演者声情并茂的讲演中了解故事情节，认识人物个性，明辨是非善恶，对故事留下深刻印象，对未完待续的故事产生强烈的好奇心，有继续了解下文的欲望。这样学生的阅读兴趣被激发，就会纷纷借阅书籍了。同时，我们还定期进行写读后感的评比活动、成语典故、读书心得交流、美文点评等活动，让学生把自己的课外阅读心得同同学分享。

六、课题研究保障措施

1. 人员条件

课题研究主要负责人鲁边红老师是普洱市十大名师之一，担任了20多年的语文教研组长，经常被聘请到市、区、县进行一线教师培训，上课、讲座，指导青年教师进行教学竞赛，均获优异成绩。所教班级在每学期的期末检测中，均名列前茅。课题研究成员许笑颜老师、陈文琼老师是普洱市市教学骨干。她们有着丰富的教学经验，以及独具特色的教学方法，曾撰写过许多优秀的教育教学论文。其余的主要参与教师均是普洱市思茅第一小学的语文教学骨干，能胜任本次课题研究中的各项工作。

2. 物质条件

普洱市思茅第一小学藏书59000多册，周一至周五全天向学生开放，每班均有自己的专柜藏书，方便学生随时阅读，学校周边有新华书店、新知图书等大型图书店，多数学生家长素质较高能积极参与孩子的阅读活动。

进行本次课题研究，学校有着得天独厚的条件，定能将各项活动顺利、成功地开展。

3. 环境条件

学校领导对本次课题研究活动高度重视。白林校长亲自统筹规划本次研究工作。普洱市教育专家、名师及社会其他关心教育的人士对本次研究活动给予高度赞许和支持。

4. 其他保障条件

课题组将广泛开展研讨活动，加强经验交流，反思课堂教学，完善教学手段，提升课堂实效；定期举行课堂教学展示研讨活动，各课题组成员根据阶段研究内容进行总结、反思、交流，形成反思材料，加强对学生语言表达能力培养的有效指导。另外，学校一直高度重视课题研究工作并给予研究经费、研究人员等诸多方面的保障和支持，确保课题研究的正常开展。

七、研究的步骤和进度

本课题研究自2016年3月至2018年2月，具体的实验分为以下三个阶段。

（一）准备阶段（2015年12月—2016年2月）

（1）明确课题研究的整体方向，学习相关文献资料，形成课题研究方案，申请立项。

（2）建立课题组。

（3）课题组成员学习有关新课改理论，学习学生阅读习惯、阅读能力培养的相关理论。

（二）实施阶段（2016年3月—2017年8月）

（1）举行开题仪式，调动师生、家长参与研究实践的积极性。

（2）收集信息，归纳整理。

① 发放学生问卷调查，了解他们目前的阅读习惯。

② 召开语文教师阅读教学现状论证会，摸清学生阅读中存在的主要问题。

③ 将各种信息归纳总结，分析找到培养学生良好阅读习惯的方法。

（3）针对教材以及课堂教学情况，发现阅读教学中存在的问题，围绕课题完善课堂教学模式设计，探索学生阅读习惯培养的指导、培养的途径，形成教学典型案例。

（4）阶段性成果展示（各参研人员汇报），根据上阶段的研究情况及经验，推广应用上阶段研究成果，完善已探索的教学模式，探索学生阅读习惯与阅读能力培养的操作策略，形成课堂教学、课外指导及探究典型事例。

（5）深入实验班级调研，开展主题教研活动和教学观摩，推进课题的研究与交流。收集有关资料，组织撰写相关的论文和阶段性总结报告。

（6）本次课题研究主要针对现一、三、四年级。在研究过程中以现二年级和五年级作对比，以检验本次课题研究的效果。

一年级主要开展绘本课教学研究、每日晨读指导、亲子共读、课外阅读小竞赛、假期读书等活动；三年级主要开展每周一节阅读课、亲子阅读、师生共读一本书、小小故事会、书香儿童、书香班级表彰、十佳读书家庭等活动；四年级主要开展爱书行动、购书行动、借书行动、每日读一篇美文、每周一次阅读交流会、每月一次课外书交换读、每学期一次朗读竞赛、美文征集等活动。

（三）总结阶段（2017年9月—2018年2月）

（1）完善并形成相对稳定的培养小学生阅读习惯的教学模式；在全校进行推广，不断深入阅读教学改革。

（2）课题组对材料进行总结，整理分析，撰写研究报告，做好结题工作。

（3）课题成果展示。

八、预期成果

活动次数	活动时间	活动方式	活动内容
1	2017年10月	汇报交流课	教师上示范课
2	2017年12月	读书节	展示读书成果
3	2017年12月	教师论文征集	教师上交论文
4	2017年12月	结题报告	教师撰写结题报告
5	2018年2月	论文集	论文
6	2018年2月	研究报告	结题报告

"提升小学生阅读能力的有效性策略研究"研究报告

一、研究背景及意义

（一）新课标对小学语文阅读教学提出的新要求

《义务教育语文课程标准（2011年版）》（以下简称新课标）中对小学生各学段的阅读能力有着明确的课外阅读要求：1～2年级阅读浅近的童话、寓言、故事，课外阅读总量不少于5万字；3～4年级养成读书看报的习惯，收藏图书资料，乐于与同学交流，课外阅读总量不少于40万字；5～6年级扩展阅读面，课外阅读总量不少于100万字。综合来看，整个小学阶段课外阅读量需达到154万字。新课标还在教学建议中提出："培养学生广泛的阅读兴趣，扩大阅读面，增加阅读量，提倡少做题，多读书，读好书，读整本书。"同时新课标在"课程设计思路"中又增加了一条"语文课程应注重引导学生多读书、多积累，重视语言文字运用的实践，在实践中领悟文化内涵和语文应用规律。"可见，学生进行课外阅读对阅读能力的提升有着重要作用，把课外阅读作为课堂教学的一种合理而有效的延伸，在语文教学中应该占有相当的比重。

（二）普洱市小学语文阅读教学的实践需要

普洱市小学语文教学中普遍存在对阅读重视明显不足的问题，不少家长和教师仅仅把目光聚焦在考试成绩上，忽视阅读积累，不能认识到学生阅读量少直接导致学生的阅读能力低下，相应的学生的学习成绩也得不到有效提高。正如苏霍姆林斯基在《给教师的建议》一书中提出"阅读是对'学习困难的'学生进行智育的重要手段"，可见提倡课外阅读、提升学生阅读能力是一件急需研究的一项内容。

（三）本课题的研究意义

一是探索学用结合，通过研究和实践，探索将新课标关于小学语文阅读的相关要求付诸实践、取得实效的策略，从而验证新课标的理论指导意义；二是实践反思与改进，探索在教育文化相对落后，教育均衡难题相对突出的普洱市小学语文课外阅读的实施策略，丰富和完善普洱市小学语文课外阅读的实践路径，通过解剖麻雀式的个案探索，为情况类似的他者和研究者提供实践参考。

二、概念的界定

（一）阅读

"阅读"在《现代汉语词典》中的解释为"看书或读书；观览文件图书"，从字面上讲，"阅读"就是看书、看报等文本并获得信息。《中国大百科全书·教育卷》指出"阅读是一种从印的或写的语言符号中取得意义的心理过程。阅读也是一种基本的智力技能，这种技能是取得学业成功的先决条件，它是又一系列的过程和行为构成的总和。"周庆元的《语文教育研究概论》一书认为"阅读既是一种对文字信息进行感知和理解的比较复杂的认知过程；是对文字进行交流、体验并产生情感共鸣的复杂的情感活动；是一种对文字信息内化吸收并将外部语言转化为内部语言、转化为思维工具和表达工具、形成语言能力的语言实践活动。"

通过分析，本研究认为对于小学语文教学来说，阅读就是学生能够从文字材料中获取信息并对文字材料进行赏析理解并使用的过程。

（二）阅读能力

关于阅读能力，《教育大辞典》认为"阅读能力是完成阅读任务的复杂心理特征和总和"。并将阅读能力分为认读语文、理解语文、品评和欣赏、记忆语文的能力以及速度几个层次；董甘味在《阅读学》中把阅读能力分为阅读选择力、阅读感知力、阅读理解力、阅读想象力、阅读思考力、阅读评判力、阅读表述力七个层次；武永明在《阅读能力结构初探》中将阅读能力分为认读能力、理解能力、评价能力、运用能力。

新课标提出"各个学段的阅读教学都要重视朗读和默读；加强对阅读方法的指导，让学生逐步学会精读、略读和浏览；重视培养学生广泛的阅读兴趣，扩大阅读面、增加阅读量、提高阅读品味。"

通过诸多专家学者对阅读能力的界定与阐述，本课题认为对小学阶段而言，学生的阅读能力就是指学生在阅读过程中对文字进行认读、理解、评价再运用的能力。因此本研究采用武永明对阅读能力的分类方法。

三、文献综述

（一）提升小学生阅读能力的策略研究

关于提升小学生阅读能力的策略研究我国主要集中在课内和课外阅读上。上海师范大学教科院夏正江在《试论中小学生语文阅读能力的层级结构及其培养》中提出提升学生语文阅读能力要破除封闭的教科书教育，倡导开放式的读书教育，他认为只有大量地阅读广泛地阅读、才能让学生真正提升阅读能力。王利平则对提高小学语文阅读能力提出了加强小学生的阅读兴趣，在阅读中培养学生的自主学习能力，合理使用新型的电子信息技术三点策略。

通过梳理相关研究，本研究以鼓励学生进行课外阅读，从而提升学生阅读能力的研究方向。并在此基础上进一步细化提升小学生阅读能力的有效性策略，使之有更强的可操作性与参考性。

（二）阅读能力评价方法的研究

关于阅读能力的评价方法不同的研究者从不同的方面提出了不同的看法。蒋芳在《如何评价学生的阅读能力》一文中指出评价学生的阅读能力要从阅读态度的评价、阅读质量的评价和学生朗读能力的评价几点进行；黄柏林提出"形成性评价"的方法，认为阅读测试是评价学生阅读能力的方法之一；新课标中阅读能力的评价是"充分发挥语文课程评价的多重功能，恰当运用多种评价方式，注重评价主体的多元与互动。阅读的评价要综合考查学生阅读过程中的感受、体验和理解，要关注阅读兴趣与价值取向、阅读方法与习惯，也要关注其阅读面和阅读量，以及选择阅读材料的能力。"

四、研究的目标、内容

（一）研究的目标

（1）分析小学生阅读能力培养存在的主要问题。

（2）探讨小学生课外阅读推荐书目。

（3）小学生阅读能力提升策略研究。

（二）研究的内容

（1）小学生阅读能力现状研究。依托鲁边红名师工作室开展广泛的调查研究，选取本市具有代表性的小学开展实地调研，摸清普洱市小学生阅读能力现状、分析存在的主要问题。

（2）小学生阅读能力培养存在的主要问题研究。结合实地调研情况，分析普洱市小学生阅读能力培养的过程、内容、方式、方法等存在的主要问题。

（3）提出小学生课外阅读书目。结合调研中发现的主要问题，根据小学生身心特点、小学生阅读能力的提升需求、普洱市的城乡学校实际情况，同课题成员一同探讨普洱市小学生课外阅读书目的选择标准并列出适合各学段学生阅读的课外书目。

（4）探究普洱市推广小学生课外阅读的方式。在课题实施过程中，通过课堂内师生共读、课外学生自主阅读、亲子阅读等方式，策划多个适合普洱市小学生的课外阅读活动，向学生推荐相应学段的阅读书目，鼓励学生进行课外阅读。在课题实施过程中，通过阅读题试卷检测、师生家长调查问卷等方式检验课题实施效果。

（5）普洱市小学生阅读能力提升策略研究。针对调研中发现的主要问题及其原因，借助教育学和心理学相关理论分析工具，通过课题的开展、实施与检验、改进，总结提取提升普洱市小学生阅读能力的策略。

五、研究方法及过程

（一）研究方法

（1）行动研究法：本课题主要使用行动研究法，先通过前测了解学生阅读能力的情况。再从扩展小学生课外阅读入手，探讨课外阅读书目的选择标准与制定各学段的书目列表。然后在课外阅读活动的开展过程中使用阅读题测试的方法对择书标准与阅读活动方式对学生阅读能力的提升是否有效进行验证。最终得出提升小学生阅读能力提升的有效策略。

（2）文献研究法：收集国内与小学生阅读能力提升有效性策略的相关文献著作，对文献著作进行分类整理，吸取好的经验与方法，挖掘本课题创新点。

（3）问卷调查研究法：运用调查研究法研究现实中小学生阅读的现状和走向，有计划、有步骤地调查、了解、分析，掌握丰富的第一手材料，为课题研究提供充足的事实依据。

（4）课例研究法：开展课例研究，开展听课、说课、评课活动等。

（5）个案研究法：运用个案研究法研究学生在享受阅读中的差异性。对个别学生、个别班级等典型个案进行的调查和剖析。

（二）研究过程

1. 准备阶段（2018年11月—12月）

2018年11月，课题组成员带领本校工作室学员一起学习小学生阅读能力相关文献资料，深入了解小学生阅读相关文献知识。

2018年12月课题组拟定小学生阅读情况调查表，课题组成员带领本校工作室学员针对各校情况进行调查，并整理数据分析当地学生阅读能力低下的原因，提出解决方案，撰写调查报告。

课题组成员根据学生身心特点、当地教育情况和学生阅读能力低下的原因等因素探讨选择课外阅读书目的标准与推荐书目的列表。

2. 实施阶段（2019年1月—7月）

在整个实施阶段课题组成员带领学生进行各种阅读活动，坚持师生共读、每日晨读、鼓励亲子共读等需要持续进行的阅读活动。

2019年1月，课题组各成员布置学生寒假阅读计划，鼓励学生在假期多阅读。

课题组成员带领学生进行寒假阅读征文比赛，开展寒假阅读分享会，进行新学期阅读图书推荐等活动。开展好书推荐、诗歌朗诵、制作读书卡片等活动。课题组组织各成员梳理课题实施过程中出现的问题，及时调整阅读活动与选书标准。开展阅读手抄报、小剧场表演、亲子共读比赛等读书活动。

2019年7月，课题组组织成员对实施过程进行经验分析梳理。

3. 结题阶段（2019年9月—10月）

2019年9月，课题组成员进行课题实施效果调查，分析数据，提炼提高小学生阅读能力提高的有效策略，收集教学设计、教学案例，撰写教学论文等科研成果。

2019年10月，课题组召开课题实施成果汇报，收集科研成果，撰写结题报告。

六、研究成果

（一）普洱市小学生阅读能力现状及问题

为充分了解普洱市小学生阅读能力现状，本研究针对普洱市小学进行了问卷调查与阅读测试分析。本次调查共计发放420份问卷，并对参与问卷调查的学生进行了相应的阅读测试。经过分析，本研究得出以下结论。

1. 阅读兴趣不浓，自觉性差

没有良好的课外阅读氛围。学生偶尔阅读。兴趣不浓，自觉性差。课余时间，对电视，动画片他们有浓厚的兴趣，感兴趣的是图文并茂的读物，而对于其他的如中外名著、诗歌、散文、科普等读物没有什么兴趣，一般不读或很少读。

教师不重视阅读，不进行课外阅读的指导，认为课外阅读是课内阅读的补充部分，学生只读与课内文章有联系的书籍，其他不读或少读。出现这样的问题，与应试教育对阅读教学的影响是有关的。在功利主义思想下，教师对学生进行功利主义的阅读教学，片面追求教育结果，以考试的分数高低论成败，忽视了教育过程中学生价值的实现，忽略了语文这门课程本身特有的工具性。

2. 课堂教学中教学方法单一，缺少科学阅读方法的指导

阅读教学过于程序化，许多语文教师在语文教学上习惯于以讲代读，喧宾夺主或者满堂讲或者满堂问，依然用传统的教学模式以教师讲为主，没有学生的自主探究，没有学习方法的指导，学生总是被教师"牵着鼻子走"。教学内容上，主要是对课文内容的分析，面面俱到，对从读学写，忽视对语言文字的积累和运用，在教学内容上产生偏差，教学方法上，用串讲、串问牵着学生走，学生没有自主学习的可能性，重思想内容的分析，轻课文的诵读、感悟，忽视学习语文的特点，强调统一答案，学生独立思考、合作、自主学习的时间相对比较少。缺乏课外阅读积累、缺乏课前自读的感悟、探究、发现，这样的效果必然是蜻蜓点水、浮光掠影。学生的主体作用发挥不了，而教师的主导作用又过多，学生阅读的主体地位被剥夺了，因而学生就成了知识的容器。学生不会选择读物，不会针对不同阅读对象采用不同的阅读方法和策略，更不会有独立的见解或创造性的见解了。而忽视独立见解，学生则容易产生惰性，影响创造力的发展。久而久之他们的阅读能力不但不能增强，还可能产生厌学情绪。阅读教学高耗低效。

3. 阅读环境差，课外阅读能力差

学校没有给学生创造良好的环境。学校有图书室，但是藏书数量少，过时多。同时学生课外阅读的时间和空间少，教师只注重课堂教学，让小学生把大量的时间花在练习题上对课外阅读没有人管理，学生要想获得更多的知识唯一的途径就是课本，学生的课外阅读能力的培养严重受阻，本来学生有自主阅读的能力，但是过大的学业压力让他们远离了课外书籍。

家庭没有给孩子创造很好的阅读环境。家庭藏书量不多，父母较少有阅读的习惯，没有给孩子树立榜样。另外，很多孩子的父母在外面打工没有时间教育自己的孩子，使多数的孩子没有形成一种良好的阅读习惯。

家长只关注孩子的成绩，杜绝孩子看"闲书"，课外阅读只是一个口号。部分学生家长迫于生计，整日忙碌，对孩子的课外阅读不闻不问。

（二）形成了提升小学生阅读能力的策略

根据系统论的观点，要形成对一个问题的持续改进，最好的方法是系统思考、设计，形成内化于心的理念习惯、相对稳定的制度、外化于行的行动方法、营造适宜的氛围环境。因此，本课题提出了一个提高阅读能力策略的同心圆模型，如图1所示。

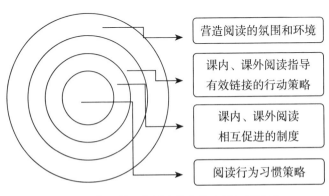

图1　提高小学语文阅读能力策略同心圆模型

1. 培养学生阅读行为习惯策略

培养学生一边读书一边思考的习惯；培养学生联系上下文的习惯；培养学生联系生活实际理解课文的习惯；培养阅读时圈画批注的方法；养成阅读后做小练笔，写读书心得的习惯。

2. 形成课内课外阅读相互促进的制度

一是写话练习，学以致用。"读"与"写"是两个重要的语文能力，语文教学既要加强学生阅读的指导，又要培养学生写作的兴趣。阅读是理解，是写作的基础，写作是表达，又得益于阅读，两者密不可分。在课题研究过程中我们努力做到：在教学实践中，激发学生阅读的兴趣，鼓励他们多看一些有趣的故事、寓言，多读一些词句优美、情节感人的诗词文章。提倡"不动笔墨不读书。"要求学生写读书笔记，在读书过程中随读随记，不仅记下文章主要内容，摘录其中的好词、好句，还要写下读后感。这样不但使学生真正将一本书读懂，还为写作积累素材。除此之外，还可以采用轮流写班级日记的形式，每一个人都能看到别人的语言表达，互相学习，潜移默化。

二是凝练形式多样的校内阅读方式。经统计我们汇总了实施下来比较有效的阅读活动形式：建立图书角、组织学生以捐书、漂书的形式交换图书；组织读书沙龙，让学生与教师定期交流；组织小剧场表演，让学生表演喜欢的图书情景；组织小说创作，为自己喜欢的图书写续集；利用早读活动进行诵读、朗诵表演。

三是打造丰富多彩的校外阅读方式。课题研究实施下来学生喜爱的阅读活动有以下几个：联合图书馆、书店进行读书活动；邀请家长进行亲子共读；组织阅读小组，在假期也开展阅读交流活动。

四是指导阅读方法。让学生运用多种阅读方法进行自主阅读，从而提高学生独立阅读的能力。阅读的方法很多，教师应当在阅读之前及时加以指导。第一，默读。默读有几个好处：一是边读边想，有利于把握文章整体内容；二是速度较快，一般默读要比朗读快一倍；三是默读不易疲劳。默读还有个最大的好处，那就是默读有利于记忆。所以，默读是阅读方法中最基本的方法之一。对于小学低年级的学生，教师应让他们初步学习默读，具体要求是不出声，不指读。而对于中年级的学生，则要求在学习的基础上，初步学会默读。在进入高年级的时候，则要求做到有一定速度的默读。第二，略读。小学中年级阶段，要指导学生学习略读。对于略读课文，学生应该运用略读的方法，粗略把握文章的大意。小学高年级阶段，要指导学生学习浏览。对于浅显易懂的文章，学生可运用浏览方法进行阅读，做到从文章中捕捉到重要的信息。第三，精读。小学高年级阶段学生，要指导他们学习精读。对名篇名著，以及其他文质兼美的作品，要学生精读，力图理解词句，把握文意，概括要点。

3. 形成课内课外阅读指导有效链接的行动策略

（1）课内阅读指导。语文教学要扩大课外阅读量，拓展语言实践范围，促进学生的语言积累。课前我们注重预习，利用各种渠道广泛收集资料。根据课文的特点、不同年级学生的学习能力灵活运用预习方法，通过收集资料，增加知识储备，为课堂教学做好铺垫。

（2）课外阅读指导。一是课后以单元课文编排主题为核心，展开课内和课外的链接阅读；指导学生到学校的图书室借阅课外读物，这样使学生在课外阅读中增长了阅历。二是引导学生学生快乐阅读，是小学生今后阅读的主要阅读方式，只有学生能自己单独阅读，才能对所阅读的内容有更深层次的体会、思考和了解。单独阅读是最常用的个人成长阅读方法，接近自由读的方式，因为不受其他人影响，学生在轻松自由的环境下阅读，使学生注意力更加专注，思维更加灵活，同时学生可以自己对所喜欢的句子和部分反复看，反复读，不仅从阅读中要养成心到、口到、眼到的基本阅读方法，还要培养学生一边读一边动笔圈、画、点、记的良好读书习惯。

4. 营造阅读的氛围和环境

一是注重全员参与。阅读并不是学生一个人的事情，只有教师阅读、家长阅读才能带动学生也阅读，让学生耳濡目染，养成阅读的习惯。布置读书后，教师不检查，只是去读，教师不参与其中，学生阅读的效果不会好。教师和家长都应该用固定的时间读书给学生听。教师可以使用打卡的方式监督学生阅读。改变从家长开始，一定要家长配合，一定要规定时间，必须要监督到位。

二是营造读书的环境。在阅读能力的培养过程中，教师还要善于利用周围的环境来熏陶学生，努力使班级变成书香班级，如读书墙、贴阅读收获、介绍一本好书、每周一次的读书活动、课本剧的表演、节假日邀请家长参与开展读书活动、带领学生积极参加各种习作比赛，利用契机、爱上阅读、鼓励学生参与和阅读有关的兴趣活动小组活动，如口才训练班、课外阅读班等等，可以利用好网络平台带领学生在平台上读书、看书、写书，教师合理运用课间、中午的到校时间，在碎片时间内读美文、赏诗词等都是很好的方法，课堂上要舍得花时间让学生看书，少讲几句，留出看书的时间。教师还要把任何事和读书联系起来，让学生自己感觉到读书和呼吸一样自然，就像每天要吃饭一样，使读书成为生活的一部分。

（三）形成了小学生课外阅读书目

经过研究与调查分析，根据小学各年级阅读情况形成了各年级的课外阅读书单。此书单针对各年级学生的特点列出，经过了一年的研究，既是学生喜欢阅读的书籍，教师也方便针对这些书籍进行拓展训练，真正锻炼学生阅读能力。

七、研究效果

（一）学生阅读能力得到提升

通过本研究的开展，所涉及的各学校学生阅读能力均得到不同程度的提升。在研究末期，我们对前测进行的420名学生再次进行了问卷调查与阅读测试，有86%的学生对阅读很感兴趣，大多数学生在认读能力、理解能力、评价能力、运用能力均有提升。各学校学生阅读能力的提升有高有低，究其原因同学校的支持度、教师的执行度、家长的配合度紧密相连。

（二）教师科研能力得到提升

阅读能力的提升对于教师也很重要。在整个研究过程中教师们不仅是阅读活动的实施者，同时也是学习者。他们与学生一起积累，丰富阅读知识。教师还学会了如何将课外阅读融入新课程，将其转化为教育资源。同时，教师在对学生进行课外阅读指导时，不断汲取文化和现代教育理念的精华，关注学生的需要，积极寻求教育契机，大胆创新，努力探索，在促进学生成长的同时也促进了教师自身的专业成长。

一年来，通过课题的研究，多名教师撰写的论文、设计的教学案例、课堂实录等分别获奖。多名教师分别被评为"学科带头人""骨干教师"等。教师的专业素养得到很大的提高。

八、需要进一步探讨和思考的问题

在课题研究的过程中，我们虽然取得了一些初步成效，但在课程建构的理论与实践上仍然有不少需要进一步研究与解决的问题：

（1）应当进一步完善问卷调查分析与测评，进行详细的数据分析。

（2）在提升学生阅读能力时也要重视和家长的沟通。

（3）少部分教师在课题研究开始之时不够重视，但在研究开展一段时间后，能积极支持课题的进行。

在下阶段课题研究中，我们将要更进一步地做好借鉴、创新、总结和提高工作，逐一分析存在的问题，寻找突破口，探讨新方法、新途径，努力使本研究更加完善。

参考文献

［1］现代汉语词典［M］.北京：商务印书馆，1996.

［2］中国大百科全书·教育卷［M］.北京：中国大百科全书出版社，1985.

［3］周庆元.语文教育研究概论［M］.长沙：湖南人民出版社，2005.

［4］教育大辞典［M］.上海：上海教育出版社，1986.

［5］董甘味.阅读学［M］.重庆：重庆出版社，1989.

［6］中华人民共和国教育部.义务教育语文课程标准2011年版［M］.北京：北京师范大学出版社，2011.

［7］夏正江.试论中小学生语文阅读能力的层级结构及其培养［J］.课程·教材·教法，2001（2）：8–13.

［8］王立平.简谈提高小学生语文阅读能力的策略［J］.读与写（教育教学刊），2018（1）.

［9］将芳.如何评价学生的阅读能力［J］.科教文汇（下半月），2006（3）.

［10］黄柏林.关于"初中语文阅读能力评价研究"的探索［J］.科学咨询，2017（9）：73.

［11］陈洁.小学低年级学生课外阅读兴趣培养研究［D］.宁波：宁波大学，2013.

［12］王鹏伟.课外阅读亟待达标［J］.课程·教材·教法，2017（3）：91–94.

［13］刘小天.小学优差生课外阅读现状的对比研究［J］.教育探索，2018（11）：69-71.

［14］谢聪.小学生课外阅读的问题与对策研究［D］.哈尔滨：哈尔滨师范大学，2018.

［15］陈云慧."读、说、写"一体的小学生课外阅读教学实践与研究［J］.福建教育学院学报，2015（6）：30-32.

［16］于慧.亲子阅读中低年级学生阅读兴趣培养研究［D］.石家庄：河北师范大学，2014.

第二篇

论文精选

刍议如何指导小学高段学生写好作文

学生在小学低段时期，没有接触过作文写作，在进入高段时期之后接触写作，会产生一定的陌生感。在这个过程中如果学生没有能够接受教师有效的引导，很容易让学生开始抵触写作，对于学生今后的作文写作产生不良的影响。在当前的小学阶段，教师应该注意的是不应该使用传统教学模式，让学生生搬硬套，拼凑出让人无法理解思想感情的作文，而是应该通过培养学生的思维能力、分析能力和阅读理解能力，来让学生主动产生写作欲望，帮助学生提升自己的写作水平。

一、小学高段作文写作过程中存在的问题

在当前的小学高段作文写作当中，由于学生自身的问题和传统教学模式所遗留下来的弊端，在写作过程中无论是学生的自身写作能力还是教师的指导水平都存在一定的问题。首先最为明显的问题就是读和写二者之间存在一定的问题，教师在引导的过程中没有将二者结合在一起开展教学，导致学生在写的过程中也忽略读的部分，仅仅注重写的部分，主要表现在学生在小学高段时期，虽然自身拥有一定的语文知识，但是却无法将这些知识在写作的过程中应用到自己的文章当中，写作过于形式化，生搬硬套的痕迹特别明显，教师在这个过程中很多时候都没有把重点放在教导学生如何写作作文，如何让学生的作文包含丰富的思想感情，而是将重点放在让学生背诵更多的优美段落上，也没有让学生在写作过程中获得三观培养和正确写作习惯的树立，让学生写作出来的内容和自己所学习的知识之间没有产生紧密的联系，

这就导致学生的写作水平迟迟无法得到有效的提升。另外，学生由于自身的生活经验不足，在写作很多类型的作文过程中，文章的内容华而不实，和学生的实际生活之间没有产生紧密的联系，让人在读学生写作的文章时摸不着头脑，怀疑文章的真实性，教师在帮助学生确立写作题目的过程中也没有给出和学生实际生活有紧密联系的题目，导致学生在构思阶段就不得不套用其他文章当中的部分段落，这种写作方式导致学生写作出的内容脱离生活实际，并且学生在写作过程中也无法感知到作文和生活之间的联系。学生也不会去仔细观察生活来提升自己的观察能力，给自己的作文写作提供帮助，这种教学方式对于学生个人能力的成长存在不利的影响。最后，学生在开展写作的过程中，由于教师的引导存在问题，导致教学形式的单一化对学生产生较强的桎梏，学生在开展写作的过程中，只能凭借教师在书面当中的命题来开展自己的写作，对学生的想象空间和主观能动性都造成较强的限制，学生在开展写作的过程中无法充分发挥自己的语言表达能力，只能用生硬的语言开展作文写作。小学高段的学生由于年龄的增长，自我意识正在蓬勃发展当中，学生的主观意识受到严重影响之后，就会导致学生的想象力和创新能力受到限制，降低学生的写作兴趣。

二、如何指导小学高段学生更好的写作文

（一）让学生在写作的过程中产生责任心

当前的小学高段语文写作教学过程中，教师没有注重培养学生的责任心。学生在开展写作的过程中将写作当成一项普通的学习任务，而不是将文章视若己出，这就导致学生的文章没有蕴藏自身真正的思想感情，敷衍的情况非常严重，认为只要通过生搬硬套完成作文写作就足以应付教师的检查，文章的质量如何和自己没有过多的联系，这就导致学生对写作的价值和意义都没有认知清楚，对培养学生的写作意识和激发写作欲望非常不利。针对这些情况，教师在开展教学的过程中可以让学生感受到写作的实用性和写作的最终目的来引导学生在写作的过程中产生责任心。例如，在开展作文写作的过程中让学生写一些和自己生活息息相关的广告语，或者让学生针对某一事

件写一份报道类的文章，进行评论和阐述，以此来帮助学生认识到写作在生活当中的实用性和写作的最终目的，帮助学生产生写作责任心，认识到写作的重要性。

（二）帮助小学生克服对作文写作的恐惧心理

学生由于在过往写作过程中的不良体验，对作文写作已经产生一定的恐惧心理，所以在开展教学的过程中，教师一定要注意帮助学生克服在写作过程中的恐惧心理，让学生在写作过程中摆正自己的心态，将作文写作看作是一种享受。想要解决这类问题，就需要教师及时了解学生在写作过程中的实际情况，帮助学生由浅入深开展作文的写作，帮助学生选择一些较为简单，和学生的实际情况切身相关的题目，帮助学生降低对于作文写作的恐惧心理，或者是让学生对教学过程中所学习的课文内容进行续写，从而让学生感受到写作的乐趣，降低学生对于写作的恐惧心理。例如，在教学《杨氏之子》这篇文章之后，虽然文章是以文言文的形式展现的，但是教师在帮助学生理解完文章意思之后，可以让学生根据文章内容续写之后的故事发展情节，猜测邻居的反应和杨氏之子之后的应对等，提升学生的学习效果，让学生感受到写作的乐趣。

三、结束语

综上所述，在当前的小学语文写作过程中，教师的指导起着非常重要的作用，所以在开展教学的过程中，教师应该帮助学生树立正确的写作意识，帮助学生获得更好的学习体验，提升学生的作文写作水平。

参考文献

［1］王时彬.小学语文三年级起步作文指导方法初探［D］.苏州：苏州大学，2014.

［2］侯改芳.小学情境作文教学策略研究［D］.上海：上海师范大学，2015.

［3）陶玉婷.小学高年级命题作文习作的现状及对策研究［D］.大连：
辽宁师范大学，2014.

［4］汤建英.小学作文教学培养学生"读者意识"的实践探索［D］.上
海：上海师范大学，2016.

大声给孩子朗读吧

——低年级学生阅读兴趣的培养

《义务教育小学语文课程标准》在第一学段的阅读要求中指出：喜欢阅读，感受阅读的乐趣；喜爱图书；课外阅读总量不少于5万字。但是，你发现了没有，今天的学生却一天天的不爱读书了，读书对于他们来说不是一种享受，而是一种负担，恶性循环，导致到了高年级，学生不会表达，害怕习作。于是，到了小学毕业，读了六年的书，学习了那么多的美文，居然还是写不出一篇像样的作文来。究其原因，就是不爱阅读造成的。下面就来谈一谈该怎样培养低年级学生的阅读兴趣，让学生真正爱上阅读。

一、大声给孩子朗读，通往爱上阅读的捷径

生活中，父母和教师总是教孩子阅读的技巧，很少想办法激发他们的阅读动机和兴趣。其实，还有比想要阅读更重要的阅读技巧吗？大量研究表明，给孩子朗读是培养阅读习惯最重要的因素。朗读的目的不是教孩子"如何"阅读，而是教孩子"渴望"阅读。诚如一句教育格言所说："我们教孩子去热爱与渴望，远比我们教孩子去做重要得多。"有的家长，似乎不太懂什么是优秀读物，看到一本本漂亮的绘本却说，这么简单的图书，根本满足不了我的孩子，太幼稚了，没必要读给他听；有的家长又认为，看图画书毫无意义，要看就看文字书，以后才会写作文。就这样大本大本的作文类的书摆在了孩子们面前，逼着孩子看，结果可想而知。对于毫无兴趣的事，你会

认真做吗?

"你阅读的越多,理解能力越好,理解能力越好,你就越喜欢阅读。"为什么要朗读? 一、二年级的学生虽然年纪小,但有着浓厚的好奇心和求知欲,他们的识字能力较弱,识字量不大,但一点也不影响学生们听故事的能力,这时正是培养阅读兴趣的关键时期。朗读能把学生带到美好的阅读世界,享受语言文字的魅力,还可以提高学生的听、说、读、写的能力。但是,有的教师却认为课外阅读是课外的事,课堂是没有时间,让学生课后自己去读就可以了。有的教师的确布置了读书这一项作业,但是从不检查学生是否读书。当然,在以后的写作中也可以看出学生的课外阅读的情况。但是,已经错过了培养学生阅读的最佳时期。我们教师的责任是"教学生读书"与"给学生未来"的双重挑战。如果教师能找到方法让学生感受阅读的兴趣,养成终身阅读的习惯,那么就有较大的机会健康成长。我们班的学生在读一年级时,在条件允许的情况下,我每天都会给学生读书,有时是绘本,有时是短小的故事,每天学生都很期待语文课,阅读成了学生生活中的一部分。到现在学生上二年级了,这种阅读方式坚持了一年多,和学生一起读完了一百多本书了(绘本居多),学生也自己读了十几本书了,你说,学生的收获能不大? 照这样计算,课外阅读总量5万字是不成问题的。

二、大声给孩子朗读,能积累丰富的语言

朗读是最便宜的、最简单的、最古老的教学手段。读书给孩子听就像和孩子说话。当你朗读时,能把孩子引上阅读之路,孩子就会迫不及待地去读书了,因为你读书的声音和书中信息,引发了孩子的好奇心,给孩子了信心,激励了孩子,更丰富了孩子的听觉能力。例如, "庞大"一词,如果孩子没听说过,他就不可能会说这个词,没听过,也没说过,那么,当他需要说这个词的时候, "庞"这个字对于他来说是多么难读、难写啊! 听觉词汇是语言的储存库,能同时丰富口头词汇,阅读词汇和书面词汇。你再想想,孩子学会说话,没有一个字是从卡片上学到的,则是由他的父母口中及周围的环境中所听到的语言模仿学会的,至于他学习速度的快慢,就在于语言的

丰富程度了。

有的孩子的语言又是从电视中学会的，特别是听广告，看广告，模仿的速度更快！人和书并不是先天互相吸引的，需要父母、教师或其他人，将书带到孩子的世界。如果孩子在入学前就掌握了一定的词汇量，丰富的词汇，将有助于理解，词汇不足将造成理解困难。这些词汇从哪里来，从生活中的"听"得来。我们除了给孩子拥抱以外，还要给孩子最有价值，而不是昂贵的礼物就是——语言。《朗读手册》说："你不需要工作，不需要存款，甚至没有高中文凭都没有关系，只要和孩子说话，讲故事就可以了。"当然，故事中的字、词传到耳朵之后，会形成一种听不懂的词，像蓄水一般储存在记忆里，所传输的字多到一定程度之后，这个"蓄水池"就满了，开始溢出水来，也就是将听得懂的词语转换成可以说出来的词，这些都是由听懂的词而来的。如果没有听过，他就绝对不会说得出来。这些词汇哪里来？从生活中的"听"得来。孩子听的词汇越多，他可以说出来或写出来的词也就越丰富。尽可能地提早读书给孩子听，可以使孩子沉浸在一种丰富的具有条理的，以及有趣的语言环境中，长期受语言的熏陶，这将使孩子的语言能力超出同龄人。入学前，家长很少有时间给孩子朗读的，现在来做还来得及，只要坚持，阅读习惯就能够养成。

三、大声给孩子朗读，促进语言的发展

除了手语和身体语言，还有两种形式的语言，也就是口头语言和书面语言。这两者密切相关，但并不是相同，书面语比口头语更复杂。口头语是不精确的，通常只是闲聊，没有任何语法可言，和书写的文字相比缺乏组织性，这就是为什么公开演说的人会使用稿子，而政治人物总是有专门替他写演讲稿的人。因此，事实上，那些喜欢和大人交谈而且经常听故事的孩子，比起那些只和同伴交流的孩子，会沉浸在一个更丰富的语言环境中。唯有阅读，阅读，再阅读！孩子听故事就大声把故事读出来，就如同在学习一种新的语言，即书本上、课堂上和大多数工作场合所使用的标准化语言。听，就是一种既容易实行又能有效地让孩子接触大量语言的方式。现在的学生必须

学习日常生活中语言，以及工作场合中使用的标准化语言，而听文章或故事就是最好的方式。孩子的注意力时间很短，朗读故事成为一种增长孩子注意力的有效方法。我们知道，阅读习惯必须要靠时间慢慢培养，就像长跑选手的耐力也不是一夜之间就训练出来的一样。开始可以读短篇的绘本，再慢慢过渡到较长的绘本，再到文字书，这个过程是渐进的。人类是喜欢享受的，对于能给自己带来快乐的事，人们会愿意反复去做。愉快就像胶水一样，能黏住我们的注意力，灌输多了，孩子的兴趣自然就培养起来了。那么多优秀的绘本，是最适合低年级的学生阅读，可是很多教师不愿花心思去做。给学生读绘本不应该为了考试，而应该是为了和学生一起分享阅读的快乐，在美丽的文字中遨游，在美丽的文字中，让学生多一份感性，多一点爱，多一点浪漫，为学生培养一份心境，用哺育心灵的朗读，让学生以后的人生之路多一点从容、豁达。

在语文教学中，我们只有先培养学生的阅读兴趣，才能培养出他们的阅读能力。教师不一定会写书，但一定要会读书。《朗读手册》中有这样一句话："你或许拥有无限的财富，一箱箱的珠宝与一柜柜的黄金。但你永远不会比我富有——我有一位读书给我听的妈妈。"而我们，要努力做一位读书给学生听的教师！

第二篇 论文精选

和孩子一起走在阅读的路上

有人曾这样说，儿童没有阅读，他的人生经历一定会有欠缺，通过阅读带来的启发，能解决孩子视野和品格的问题。无疑，对于儿童阅读的重视，现在正是遍布全世界的一种潮流。《义务教育小学语文课程标准》在每个学段都提出了不同的阅读要求，小学毕业，阅读量达100万字。好大的一个数字，如果不是在学生从一年级起，就开始进行的话，是很难完成这一阅读量的。怎样让孩子爱上阅读，成为一个知书达理的人，成为一个有梦想的人，让他变得更加宽容，更加豁达，更加有爱，让他的人生之路越走越远？在此谈谈本人的一些看点。

一、阅读在小学阶段，起着举足轻重的作用

良好的阅读是启蒙孩子喜欢读书和学习的钥匙，这个兴趣的培养需要有爱和技巧进行栽培。其实，阅读就像空气、阳光、食物、朋友，好书会让我们受益一生。当孩子的童年被轻松愉悦的阅读填充时，阳光就照进了孩子的内心，让他们健康成长。

阅读就是自己看书，看自己喜欢的书。看自己觉得有内涵的书，阅读绝对不是我们语文流行的阅读理解。一个人书看得多了，思想自然不同；思想不同了，言谈举止自然不同；言谈举止不同了，文章风流自然不同。阅读就是头脑的粮食，但阅读这种粮食有一点和吃饭不同，不怕吃得多，任何时候开始都行，就怕你从来没尝到这种美食的滋味。有句话说得好："除了爱情，没有任何事情像阅读这样让我们觉得，迟来的开始也可以如此美好。"

一个人的身体成长，需要吃饭，而一个人的思想成长，却需要思考，阅读是促进思考最有效的方法，阅读就是训练复杂思维的一种好的方法。读一本好书，是可以和它同呼吸的，那一刻内心很轻盈，很快乐。书不会说话，但是书可以把世界给你打开。阅读的功效绝不仅仅是丰厚学生的文化积淀，提高写作能力，提升学生的语文素养，而是帮助点燃思维的火花，发展学生的智力。著名教育家苏霍姆林斯基说过："应该让孩子生活在书籍的世界里。"而古往今来人们所推崇的"书"，则是指那些可以"开茅塞，除鄙见，得新知，增学问，广见识，养心灵"的书（林语堂语）。

培养小学生阅读能力非常重要，小学时期是培养阅读能力的黄金时期，小学生能在此期间养成独立、自主的阅读习惯，将会终身有益。他们得到的不仅是认识的升华，更是心灵的净化，这才是最大的收获！没有阅读习惯，即使考试成绩不错，进入大学后，往往会感到学习困难，视野窄，思路不够开阔。

爱阅读的孩子悟性高，注意力集中时间持久，阅读和听课的理解力强，分析问题、解决问题的思路广并且深入，口头和书面表达能力也强，各科成绩优良。并且他们具备较好的记忆技巧。

二、教师要成为一个真正爱读书的人

学生爱不爱阅读，和站在讲台上的那个人——教师，有很大的关系。你也许会反对：因为，你一直在告诉学生要大量阅读，和学生讲阅读的好处。但是，你是否一直在用实际行动做这件事？你可以把马牵到河边，但你不能保证它能饮水。你注意到了没有，在最初阶段，培养孩子的阅读兴趣比教给孩子阅读技巧都还重要。培养孩子的阅读兴趣是一个缓慢的过程，不可能一蹴而就，不是一朝一夕的事。你的付出，在最近是看不出什么效果的，教育是缓慢的，成长是终生的。教师不读书，你怎么要求学生读书？你自己都不热爱学习，你怎么要求学生爱学习？当学生学习不好时，先不要责怪学生，请先检讨自己。教师的教学素养，不在于他是否会讲述知识，而在于是否能激发学生的学习动机，唤起学生的求知欲望，让他们兴趣盎然地参与到教学过程中来。教师"把学生看作天使，他便生活在天堂里；把学生看作魔鬼，他便生活在地狱中。"教师要有永不落后的教育理念。做到这一点，就必须大量阅读，自己的学识、视野才会宽广，才能教好学生。

语文教师决定着语文教育。对语文教师来说，孤陋寡闻是致命的。"对于一个老师来说，最大的危险就是自己在智力上的空虚，没有精神财富的储备。"有喜爱阅读的教师，才有喜爱阅读的学生；有视野开阔的教师，才有视野开阔的学生。因此，要引导学生阅读，教师自己首先阅读，不仅要进行职业阅读，还要对文史哲、时政、经济、社会、心理等领域广有涉猎，以不断充实智库，裨补精神，在教学上才会出现一片新天地，抵达一个新的境界，逐渐做到举手投足之间，一颦一笑之际，都给学生以潜移默化的影响。国家主席习近平在俄罗斯接受电视台专访时指出：读书可以保持思想活力，让人得到智慧启发，让人滋养浩然之气。教师作为传递文化的重要力量，在全民阅读中应勇于成为领航员、先行者、带头人。读书有诸多益处：读书，可以开阔人的视野，拒绝平庸；读书，可以改变人的气质，提升我们的教育境界；读书，可以优化人生层次，提高我们的生存质量；读书，可以启发人的思维，点燃思想的火花，让我们更加善于思考。更重要的是，读书为我们的教育教学滋养了底气和灵气，使我们睿智、深邃，站得高，看得远并远离浮躁。阅读，是人生智慧的标志。为了弥补自己的不足，更为了教学与研究的需要，我们必须把读书当成人生的头等大事，刻苦学习，不断完善自己的知识结构，提升教育智慧，做一个真正的读书人。

三、培养孩子阅读的做法要落到实处

第一，给孩子大声朗读。《朗读手册》中有一句话：你或许拥有无限的财富，一箱箱的珠宝与一柜柜的黄金。当你永远不会比我富有——我有一个读书给我听的妈妈。我们可以做一个读书给学生听的教师。

尽量在每一节语文课时，找出十分钟左右的时间来给学生大声朗读。用你的情，你的声音，你的行动感染学生。如果教师坚持每天都给学生读书，慢慢地学生会把阅读当成生活的一部分。朗读要确保有趣的，开发孩子的想象力。任何书并不是先天相互吸引的，开始时，必须有媒介，教师、父母等，将书带到孩子的世界。教师朗读发挥着广告的作用，促销阅读的乐趣，这是引导学生自己想要阅读的催化剂。另一方面，朗读能让学生积累大量的词汇，因而提供了阅读的基础，在理解本文之前，学生必须先学会听懂。当你给学生或一个班的学生朗读时，你扮演的是示范的角色。儿童早期的主要能力之一是模仿，他喜欢模仿自己看到的与听到的，久而久之，学生就喜欢上了阅读。朗读时最便宜的、最简单的、最古老的教学手段。学生学习阅读就像学习说话一样，并非一蹴而就，有一个渐进的发展过程。学生能从你的朗读声中，汲取到声音记忆，养成喜欢朗读的好习惯，为其今后主动阅读铺平道路。

第二，激励评价，让阅读成为一种需要，做好阅读记录，教好每一篇"范文"。每学期，提出阅读目标，需要完成的阅读量，给学生一本记录本，专门记录这学期所读的书。每月统计，交换写一写，同学对你的阅读的看法，还让父母做点评。在评价表中，了解自己和别人的差距，暗自较劲。学期末再进行评比，让孩子有一种成就感。每一篇课文，都要找到其文学价值，教选材，教语言、动作、神态、心理活动的描写，教文章的布局谋篇，教文章的结构特点……保护好学生的想象能力和学习兴趣，一天一点，站在作文的角度教语文，真正进行阅读。

第三，引领孩子爱上阅读，精心设计一系列的活动，激发阅读兴趣，教给学生阅读的方法。猜谜语、好书推荐、故事时间、日记欣赏、精彩的小练笔、品味习作……让学生有阅读的需要，营造阅读的氛围。教师从学生的读书笔记中发现亮点，选出范文，在讲评中真诚赞美，热情鼓励，再做一些读写指导。阅读能力是学习的基础。学生阅读首先追求的是有趣、好玩以及新鲜、刺激的阅读感受，而对于知识和文字表达的兴趣则较为次要。因此，他们对于图画书、漫画有一种天然的爱好。如果学生连简单的、有趣的图书都不爱，就谈不上阅读文字书啦！

推荐一本好书之后，我们的做法是让学生径直走进去，完全自主地去读，无拘无束地去读，轻轻松松地去读。这样坚持下来，兴趣就会自然产生。兴趣一旦形成，学生的读书热情就会产生，他们的理解能力、领悟能力、读写能力都会获得令人难以置信地提高。因此，教师每天要有意识地安排学生进行阅读，多给学生想象的空间，要从多角度启发学生进行阅读等都是很有必要的。这样孩子们以书为友，才能在书的世界驰骋、飞翔！据研究资料表明：凡是喜欢语文，养成了阅读习惯的学生，都是课外阅读量大、知识面广的。放手让学生读各种书，就等于把他们送到浩瀚的书海之中，让他们自由穿梭"历险"，这是引发阅读兴趣的最好办法。

阅读之路还很长，我们得坚持走下去，总有一天，现在的学生一定会成为未来的终身阅读者。

讲好绘本故事，让孩子爱上阅读

　　2017年4月12—15日，由湖北武汉悠贝图书馆举办"绘本故事创编"，来自全国各地的近300名绘本馆的馆长、幼儿教师、小学教师、阅读爱好者参加了培训。本次培训邀请了台湾第一位以"说故事"成功创业的阅读推广人张大光，湖北悠贝图书馆的馆长等业内专家和馆长进行授课，从儿童阅读的重要性、如何讲一个好故事、儿童认知发展与绘本选择等方面呈现了一堂堂兼具理论和实践的生动有趣的培训课。现将张大光针对绘本阅读的一些精彩观点分享给大家。

　　来自台湾，擅长讲绘本故事的张大光分享了自己的创业经历，并介绍了如何成为一名讲故事的高手。由其创办的全球第一家故事屋，自2004年开业至今良性运转，会员总数达20000人，年营收200万元人民币，开创了故事营销的商业模式。其独特的绘本故事创编方式与讲授技巧，使其成为麦当劳等知名企业培训故事志愿工作者的首席培训师。每年平均有130场以上演讲邀约，包括台北故宫博物院、市美术馆、麦当劳、台积电等机关企业，以及学校、说故事妈妈团体也争相邀请其授课，传授说故事技巧。著有《不教孩子，只说故事》《张爸爸教你陪孩子玩故事》《音乐魔法故事屋》《喂故事长大的孩子》等。

　　张大光说，其实每次带孩子来他的故事屋听故事的家长有99%的人是在家里会给孩子讲故事的人。创办故事屋多年来他讲了1万多场故事，总结出了很多宝贵的经验。首先要纠正讲故事的心态，不是希望孩子知道什么，而是自然地给予，只要让孩子喜欢听故事就好；其次讲故事不要有太明显的价值观，也不要给礼物，如果非要给礼物也要保证每个人都有，而且礼物越便宜越好，并且由其他工作人员送出，而不应由讲故事的人送礼物。他强调，故事只有积累才有价值，讲的故事多了，文笔会变好，并能让孩子学会独处，而且要从孩子的角度出发轻松讲故事，慢慢让孩子爱上阅读。

这次培训，我感触很深。当今普遍存在着这样的一个现象：在孩子的成长过程中，教育孩子似乎是妈妈的事。传统的家庭教育中，父亲很少参与管教孩子，常听见有母亲抱怨，责备孩子的父亲很少管教孩子。"男主外，女主内"的思想影响着许多父亲。其实在教育孩子这件事上，父亲起着不可估量的作用。陪孩子玩是妈妈的事，睡前讲故事也是妈妈的事，培养孩子的一切全都是妈妈的事。你看，张爸爸在孩子的成长过程中担起了重要角色。他也有一对儿女，他也一直在和孩子成长，成为一个世界上最会讲故事的爸爸，把故事还讲出了名堂。来看看我们现在的好多家庭，在孩子的成长中，我们的爸爸去哪儿了？担当起养家糊口的重任？似乎也不全是。也许这就是家庭教育中角色的缺失，中国式的教育！张爸爸是台湾人，故事屋的创办人，一直仰慕张爸爸，今天有幸参加了张爸爸的故事训练营，让我大开眼界，原来故事可以这样讲，这样才是讲故事！我从云南普洱赶到湖北武汉去参加张爸爸的故事训练营，他们问我是从哪里来的？我说云南。她们惊讶得嘴张得好大，一脸的疑惑，又问我，是不是自己创业的？我说，我是一名小学教师。他们更惊讶了，啊？小学教师还来学习怎样讲故事？因为我爱！我笑着回答。三年前我从媒体上了解到了张爸爸，特别期待有一天能身临其境听张爸爸讲故事，感受他讲故事的魔法。今天如愿以偿了！活动开始，开朗、精干，一副和蔼可亲的样子，他一出场，一种轻松愉悦的气氛就迎面扑来，一场有趣的学习盛宴即将来临。果然，几个小时在笑声中不知不觉地溜走了。张爸爸用最好玩的方式给大家讲故事，几个小时都激情四射，热情洋溢，肢体语言灵活得当，说教而又不乏幽默，洪亮的台湾口音的普通话，会让你一直那么开心，一点儿也不觉得累！故事关键是讲，不是念。也许，你会说，我的语言没有书中的精炼、生动，我就念吧，这样做，孩子是不会喜欢听故事的，因为他听不懂，自然就感觉枯燥乏味！要讲好故事，这里面包含了对故事的理解、想象、表达，用孩子的心态对待故事，讲出来的故事肯定好玩！张爸爸用绘本《夜莺》为例，传授了讲故事的魔法：把自己当作孩子，拿到书时先看图，和孩子的眼睛看同样的地方，用图片讲故事；用图讲完故事，孩子都可以自己讲；不用绘本也能够讲故事。晚上看到张爸爸给孩子们讲故事，能让那么多孩子都嗨起来，开心的在地上打滚，用力地做出动作，和张爸爸互动，大声地说出自己的想法，可见孩子是如此喜欢听故事，不知不觉就进入了故事的情节里！如你在现场，你也会不知不觉加入其中，你也会情不自禁地回答张爸爸的问题，不由自主动起来。张爸爸用天马行空的想象力，用丰富的肢体语言穿插进好笑的情节，让在场的每个人都忍俊不禁，带着孩子们进入了一个神秘的童话世界，让他们笑个不停。孩子的快乐是掩饰不了的！故事讲到精彩处，突然停住：欲知后事，请自己去看书吧！就这样用故事来吸引孩子，让孩子爱上阅读。突然明白：人人都会讲故事，但要讲好却不是件容易的事！你的理念、心态、观点在很大程度上取决于讲故事的好坏！一个人能把一件看似简单的事情做好真了不起！佩服张爸爸！张爸爸的每一句话，都颠覆着大家讲故事的心态。"讲故事不要有太多的希望，而是自然地给。""故事就是愉快的故事，故事有积累才会有价值。""不要在一个故事上那么用力。讲故事不要给孩子说道理，不要有功利心，你只要把故事蕴含的东西讲出来就行。多听故事，长期亲子阅读，那些道理慢慢地孩子就能理解了！哪有听几个故事孩子就变得更好了呢？"这是一个长久的大工程，让孩子喜欢听故事，目的就是要让孩子爱上阅读。孩子的阅读兴趣和习惯在幼儿就应该开始了，一、二年级的学生也还可以用故事来培养学生的阅读兴趣，只要做起来什么时候都不晚。

阅读，是一个永恒的话题，怎样让孩子爱上阅读，一直是我思考的问题。我的工作离不开孩子，所以我的话题一直围绕在孩子阅读上。如果讲故事能做到让不喜欢阅读的孩子来到了一个阅读环境中，听我讲的故事，慢慢地爱上阅读——这是我所期盼的。我作为一名小学老师，想努力做一名阅读推广人，一直努力地为身边的家长和孩子们普及阅读知识。利用各种机会、渠道、平台，去跟孩子和家长们聊阅读，分享阅读的美好。我们比起经济发达地区家长的素质、观念、思想落后了许多，绘本应该是学龄前儿童读的书，但是我们边疆地区一、二年级的孩子才开始接触，是因为环境所致。低年级的教师就应该从讲绘本开始，让孩子听绘本故事，然后引导他们爱上阅读——读文字书。教师想要给学生的一切，绘本里几乎都找得到。"绘本涵盖的层面非常丰富，它将我们之前所做过的，现在正在做的，以及将来想要做的很多事情都融汇起来了。"而我们身边的很多孩子，还没有读过绘本，没有感受过绘本的美好，就匆匆长大了。我希望能给孩子提供足够温馨的环境，足够多的绘本，让他们可以真真切切地走进绘本的世界，爱上阅读！现在每周可以在青少年活动中心和孩子们一起享受阅读的快乐，真是一件有意义的事！

讲绘本不是一件简单的事。很多家长说绘本太简单，我想对她说，其实你根本没看懂！成人和孩子同时看绘本，你会发现孩子摄取的信息量比大人多，因为成人看书读字，图只是大概扫一眼，但孩子是不会看字的，他们的信息来源就是图，图的色彩、布局等一些小细节，孩子看得比大人全面。从这一点上，你就不能小看孩子，也不能小看孩子看书所带来的好处。读书绝对不要带有功利性，不能说看完一本书孩子就必须要懂得一个道理，长一个本领，要把读书当成一种娱乐。虽然常说人成年之后阅读是没有界限的，但是在低幼这个年龄段，孩子的理解和认知是有局限性的，必须借助专业的阅读指导。

"不把阅读当任务，不把阅读当压力，引导、帮助孩子，给他们提供喜欢的书，为他的床头安一盏适合阅读的灯，抽出时间和他们一起读书，这是父母最应该做的。"阅读推广人作家滕婧说。

这次培训真是受益匪浅，感谢领导给了我这样一次成长的机会！

阅读，让我们的世界更美好！

——记2017年4月23日世界读书日活动

4月23日是世界文学的象征日，塞万提斯、莎士比亚、维加等许多著名的作家都在这一天出生或逝世。联合国教科文组织于1995年将每年的这一天定为世界读书日，鼓励人们发现读书的乐趣。几年来，世界读书日已成为许多国家读者的一个节日。为此，我们借助世界读书日的东风，再次推动孩子们阅读学习的新高潮。

一、活动目的

通过世界读书日系列活动，弘扬尊重知识、崇尚文明的阅读理念，养成良好的阅读习惯，营造文明的学习氛围。通过活动让孩子们更进一步了解世界读书日，更进一步了解阅读的意义。

二、活动主题

阅读，让我们的世界更美好！

三、活动时间

2017年4月23日。

四、活动地点

普洱市思茅区青少年活动中心。

五、活动安排

1. 讲世界读书日的来历

当今时代，信息潮涌而来，种种现代传播媒体在拓展人们视野的同时，亦在挤占人们读书的时间。尤令人关切者，社会浮躁之风、快餐文化等诸种不利因素，也阻碍了全民阅读的展开和深入。一些社会调查所显示的国民阅读情况，2016年人均读书7.86本，比2015年上升0.02本，这说明重申并弘扬读书传统的重要性和紧迫性。在知识经济时代，现代化建设比以往更倚重于知识的力量，更依靠于全民文化素质的提高。1995年，联合国教科文组织通过决议，将每年的4月23日定为世界读书日，这一天是作家塞万提斯和莎士比亚辞世纪念日。

2. 阅读的意义

2017年的4月23日是第22个世界读书日。这是书的节日，也是读书人的节日。人类的阅读史几乎就是人类文明的发展史。书是人类精神财富的载体，人类的点滴进步和成果都在书籍里记录、传承并发扬光大。每年世界读书日只有一天，但它的意义在于使每一天都成为"读书日"。科学发展，以人为本。在全社会大力倡导读书之风，提升国民的知识水平和自我学习、发展能力，特别是青少年，培养他们阅读的兴趣，让读书成为他们终身追求的"时尚"，十分有利于建设学习型社会和创新型社会，有利于实施科教兴国、人才强国的国家战略。借助世界读书日这样的好形式，继承和发扬优良传统，营造浓浓的读书氛围，利国利民，意义深远。阅读，从孩子抓起。

3. 读书

（1）希望用教师动听的语言感染孩子，享受阅读的快乐，让孩子们爱上阅读。

（2）请爱读书的孩子读书给大家听，带动大家爱上阅读。

4. 分享阅读故事

六、希望

今后还将开展丰富多彩的读书活动，让孩子们真正爱上阅读，读遍书中蕴藏着的千年的智慧和思想，知来路方能识归途。

教出散文的味道

朱光潜先生在其著作《谈文学》一书序里说，学文学第一件要事是多玩索名家作品，其次是自己多练习写作，如此才能亲自尝出甘苦。逐渐养成一种纯正的趣味，学得一副文学家体验人情物态的眼光和同情。

我以为，这句话非常精辟地指出了文学教学的路径与方法。而将散文作为中小学生"玩索名家作品"的切入口，则具有得天独厚的优势：一是散文的篇幅一般短小、精美，教师不必担心因时间不够而无法实施教学或无法展开——哪怕只有一节课的时间也可以教；二是与诗歌或者戏剧相比，散文更平民化、更随意、更大众。如果说诗歌是火热的舞蹈，戏剧是花腔的唱法，那么散文就是饭后的沿湖散步了。学舞蹈、学花腔都不太容易，然而饭后散步却是谁都可以的。文学是一般人接近艺术的一条简便的路，而散文又是接近文学的一条便捷的路。

好散文的样子

好散文是什么样子？好散文有标准吗？"散文"两字包罗万象，要说清这些问题，还真不容易。在我看来，给学生阅读的散文应该符合两条标准：一是它能引领思想，散文比诗歌更擅长连贯地表达作者的思想，它可以牵着读者的手，把他们领进思想的世界；二是它是语言文字的典范。高尔基说过大众语是毛坯，加了工的是文学。学生在课堂上学阅读与写作，与一般学习的不同之处就在于，它是一种自觉的训练。才能培养学生调动与控制文字的能力。

"罗汉堂外面，有两棵很大的白果树，有几百年了。夏天，一地浓荫；冬天，满阶黄叶。"这样的语言，文白相间，通俗凝练而有节奏是现代白话雅化的典范。

"江水伸入田垄，远远几架水车，一簇一簇的茅亭农舍，树围水绕，自成一村……当几个农妇挑着担儿，荷着锄儿，从那边走过之时，真不知是诗是画！有时远见大江，江帆点点，在晓日之下，清极秀极。"这些描写洗练整齐，清新淡雅，把江南水乡的美细腻地传达了出来。中国现代作家善于将古诗文中的词句、语汇吸收并融入白话文中，使其作品的语言婉约、典雅，具有很高的审美价值。

教师用这样的文字给学生打底，让学生从小接受语言大师、名家典范作品的熏陶，这对培养他们纯正的语言趣味、感觉，把他们从粗鄙的、肤浅的、娱乐化倾向严重的阅读和语言习惯中拉回来，是大有裨益的。

教出散文的味道

好散文选出来了，教师怎么教出散文的味道呢？

第一，朗读。每每拿到一篇散文，我愿意一遍又一遍地朗读，以"空"的状态去拥抱文字，获得"我"的感受与体验。这个阶段需要克服浮躁的心态，用眼睛和声音在文字里爬行。声音与意义本是不可分的，有时意义从声音上见出，比习惯性地从联想上见出更微妙。

教师就应该让学生出声读好的散文，让学生从朗读中抓住声音节奏，再从声音节奏里抓住作者的情趣。举个例子吧，朱自清先生的散文是很注重音韵美的，他一再强调，他做到一件事，就是不放松文字。他注意每一个词的意义，每一句的安排和音节，每一段的长短和衔接处。例如，他在散文《冬天》里写家人围坐在一起吃白煮豆腐的情形——

说起冬天，忽然想到豆腐。是一"小洋锅"（铝锅）白煮豆腐，热腾腾的。水滚着，像好些鱼眼睛，一小块一小块豆腐养在里面，嫩而滑，仿佛反穿的白狐大衣。

锅在"洋炉子"（煤油不打气炉）上，和炉子都熏得乌黑乌黑，越显出豆腐的白。这是晚上，屋子老了，虽点着"洋灯"，也还是阴暗。

围着桌子坐的是父亲跟我们哥儿三个。"洋炉子"太高了，父亲得常常站起来，微微地仰着脸，觑着眼睛，从氤氲的热气里伸进筷子，夹起豆腐，一一地放在我们的酱油碟里。

这样的文字，若抑扬顿挫地读出来，别有意趣。每次朗读时，我眼前总会浮现出文中的画面。

而学生在一遍遍朗读中，对家人围聚而食的那种温热场面，也禁不住会心生向往与期待。我相信，这样顺耳、顺口、顺眼的文字，会在朗读中成为学生的语言积淀和情感积淀。

第二，研读。散文"形散而神不散"，教师教散文，首先要学会抓住散文的"神"。这个"神"便是散文的"文眼"，如果能将"文眼"变成"课眼"，进而变成"学眼"，便可获得事半功倍的效果。

为了抓住散文的"神"，对教材中标注"选作课文时文字有改动"的作品，我会去查原文及出处。例如，被选入苏教版小学《语文》四年级上册冯骥才的《珍珠鸟》，原文中有一句很重要的话："有人说，这是一种怕人的鸟。"这句话其实是这篇文章的"文眼"。冯骥才的这篇散文是他在经历了"文化大革命"后的反思之作。文中的这对珍珠鸟其实是当时中国民众的一个缩影。

作者想给未来的中国开出一服药——人与人之间要互相信赖。这服药能不能治好当时中国的病，作者并没有完全的把握，因而他在结尾处写的是"信赖往往创造出美好的境界"，而不是教材中所写的"信赖，不就能创造出美好的境界吗"。诚然，修改后的文章，单从"人与鸟相处"这个角度来看，似乎并没有什么大问题，但从文学作品的角度来看，改动的地方破坏了作者想要表达的原意。

关于散文的"形"，我常常从结构、语言两个角度去研读。先说"结构的安排"。众所周知，作文构思最重要、最艰苦的工作，不是搜寻材料，而是有了材料以后该怎么做选择与安排。一篇文章中每个字句就是一个兵。在调兵之前，好的作者必定会做一番检阅，然后排定岗位，摆好阵势。叶圣陶、朱自清、老舍等大家的文章结构，学生比较容易学。叶先生和朱先生都做过教师，自然知道什么样的文章适合学生学。老舍写《猫》，先写大猫，再写小猫；写《趵突泉》，先写大泉，再写小泉；写《母鸡》，先写它惹人厌的地方，然后笔锋一转，再写它可爱可敬的地方。

阅读散文，教师就需要带着学生像这样去咬文嚼字，除了对非常搭配的语言要保持敏感以外，对运用修辞的文句，也不要轻易放过。最常用的修辞手法是比喻，因为比喻是文学语言的根本，是文学辞藻的特色。

教育其实很简单

　　一片菜园引起了孩子们的好奇心，让童年变得更美好了。李清华、朱北大、张复旦是三个好朋友，故事就发生在他们身上。

　　一天，李清华兴奋地对我和朱北大说，我发现我们学校有个大大的菜园，在哪边，他用手指了指那个方向。哪边？朱北大问道。就是哪边，李清华再次用手指了一次。哪边？不对，哎呀，就是那边！我眼珠转了一圈，大声说，就是足球场旁边的那栋楼后面，我们参加入队仪式的那个礼堂。还是张复旦机灵。太好了，一起去探秘吧！他的建议得到了我们两个好朋友的一致同意。但，这似乎没有机会，我说。因为每天放学了，家长就在门口等我们，铃声一响，我们就得赶快出校门，然后乖乖跟着家长回家，探秘的事不知能不能实现，我们三个好朋友想到这，有些小失望了。李清华才不管这些呢，继续激动地接着说，那个大花园，可大了，一眼望不到边，花园里的花开得可漂亮了，全是金黄色的小花，我还看见鲁老师去那里拍照呢！最重要的是旁边有一个大大的菜园，那里种着萝卜、茄子、南瓜、卷心菜、辣椒……还有好多我叫不出名儿的蔬菜，我们一定要去看看！我们听了，心中更加充满了期待。我们也希望李清华说的话是真的，因为老师总是说"我们美丽的校园"，可是在我们眼里，学校就有三栋教学楼矗在那里，四个篮球场，一个足球场，一片小树林，一座小假山，一个小喷水池，这不也和我见过的其他学校一样吗？好像没有吸引我的地方。奇怪了，我真想告诉老师，她心中的美和我们心中的美差别挺大的！我们幼儿园那才叫美，都是彩色的房子，没有那么多的"不准"，不准乱跑，不准去才草坪，不准去水池边看小蝌蚪……三人忍不住回忆起了幼儿园快乐的时光。自从李清华和我们讲了菜园的事以后，我们一直盼望着想去看看，可是探秘的事一拖再拖。哈哈，今天机会终于来了，其实也不是机会，是李清华实在忍不住了。铃声一响，他使了个眼神给我们，我们一溜烟就冲出了教室。因为我们身型较小，没有人注意到我们仨，所以顺利到达目的地。逃跑的感觉真好！狂奔、蹦跳，像脱缰的野马。哇，那么美的地方，我们怎么就没发现呢？一大片盛开着的雏菊，全张开笑脸迎接我们的到来，花枝在微风中摇曳着身姿向我们招手，老师说的没错，我们的学校真的很美！那是因为我只是看到了一部分。我们来到菜园，东瞅瞅、西瞧瞧，一切都显得特别新鲜。萝卜露出了白白的、圆圆的、胖胖的身体，李清华动作好快，伸手就拔了一个，他说，我就想尝尝萝卜是什么味儿的，可萝卜满身都是泥，怎么办？突然他有了办法，刚下过雨，卷心菜的叶子上积了一汪水，李清华就把萝卜放在叶子上涮了一下，清水马上变成了泥水，萝卜变白了一点，将就着咬一口吧，啊，好辣呀！他大叫道。李清华的表情让我们不可思议，真有那么辣吗？朱北大和我说，让我们也尝尝吧，咬一口，的确是辣得不行，我们不住得大声叫嚷，"呸呸呸"，使劲把辣味吐掉。走，我们去尝尝茄子的味道，李清华就在旁边地里，摘了一个只有我们小手那么大的茄子。李清华先咬了一口，怎么那么难吃啊，又是一阵"呸呸呸"，什么味？我们问到，你们尝尝吧，好像是酸味。我咬了一口，然后递给朱北大，啊，没想到茄子竟然那么难吃，什么味儿说不上，反正就是难吃！几个小南瓜躺在地上，小得可爱，摘一个尝尝吧，估计会很好吃的，妈妈煮出来的南瓜很甜的，我赶快去摘了一个，咬了一小口，啊呀，好涩！这南瓜怎么不一样呢？他们也亲自品尝了一下，然后就使劲吐掉嘴里的小南瓜皮。原来这些蔬菜都是难吃的呀！我们三人边吐槽边往寻找着其他的蔬菜，还想尝一尝，虽然我们都感到嘴里特别不舒服。突然，我想起还在门口等候的家长，立马拔腿就跑，一定要挨骂了！当我们跑回教室，还没等跑到座位上，"暴风雨"就降临了。语文老师、数学老师气不打一处来，噼里啪啦数落起我们来。因为没看到我们，书包又放在教室里，就很着急，赶快派同学去我们可能去的地方找，厕所、假山背后、小树林里，反正能找的地方都去找了，就是不见我们的影儿。现在看到我们三个脚上被泥包裹着的鞋子，再看看我们的样子，就猜测到我们一定去干什么坏事了。但是，在这种情况下，我们谁都不敢出声，低着头，任凭老师的批评。我们不就是想尝尝蔬菜的味道吗？老师干嘛那么生气呢？反正我们没有错。回到座位上背起书包开溜吧，多待一分钟估计后果会很严重的！回家的路上，我还在回味着蔬菜的味道，原来萝卜是辣的，茄子是酸的，南瓜是涩的……啦啦啦，好开心啊！

"没有爱便没有一切。"我特别喜欢苏霍姆林斯基说的这句话。是这句话让我走进了更高的教育境界。毕竟是孩子，好多时候他们的所作所为都不是有意的，只是自控制力较弱而已。蹲下来，用孩子的纯真心态来对待问题，你会发现其实教育真的很简单。换一种方式来教育孩子，你就会发现，真不是如我们想象的那样严重！当你在没有弄清楚事情真相时，你暂时不要批评孩子，孩子们犯的错，更多时候是因为好奇心的驱使，有时讲太多的道理的确没用。在和孩子们了解事情发生的经过时，听着他们的讲述让你忍俊不禁。你会发现孩子们的内心想法是多么幼稚可爱。如果我们心中有爱，就会把糟糕的事情变得不一样了，反而会启迪了你的教育智慧。孩子童年时都会有一些小插曲，用童心去看孩子的世界，天真烂漫的天性，小心呵护，你会发现教育其实真得很简单！

课外阅读的好处

《语文课程标准》指出："要努力建设开放而有活力的语文课程"，"培养学生广泛的阅读兴趣，扩大阅读面，增加阅读量，提倡少做题，多读书，好读书，读好书，读整本书"。恰当地指导学生进行课外阅读，不仅有益于对孩子进行情感熏陶，品德塑造，更是引导孩子积累语言的最佳途径。小学高年级的孩子，已经基本跨越了生字障碍，这个学段，是进行大量课外阅读，实现语言积累的好时机。因此，在这一学段中，指导孩子读好书，读整本的书，就显得尤为重要。

再好的书不经过细细地品味是无法让孩子们感受到它动人的光辉的。该如何引导学生学会读书，学会思考，让阅读成为行走的方式呢？姜老师以她的实际行动为我们学校的导读课开创了历史的先河，我认为这节课具有以下优点。

一、扩大学生阅读量

苏霍姆林斯基说："把每一个学生领进书籍的世界，培养起对书的酷爱，使书籍成为智力生活中的指路明星，——这些都取决于教师，取决于书籍在教师本人的精神生活中占有何种地位。"作为一名语文老师，我深知只有引导学生广泛阅读，扩大阅读量，才能开拓视野，丰富知识，发展语言，全方位提高文化素养。课内是有限的，课外是无限的，课外阅读既是推进素质教育的需要，也是学生全面发展、终身发展的需要。因此，我们必须加强课外阅读指导，让学生掌握更多的阅读方法，广泛阅读大量的课外书籍。

二、激发读书欲望

俄国教育家乌申斯基指出："没有任何兴趣，被迫进行的学习会扼杀学生掌握知识的意愿。"课外阅读是一项主体性很强的活动，其效果的好坏直接取决于儿童是否在内心深处有一种根深蒂固的需要。为此在课堂上，以"猜"为主要学习方式，让学生在大胆的猜想中燃起阅读的激情。一开始就让学生看书封面猜一猜"它们之间会发生什么事情？"然后围绕故事情节展开一系列的猜读，这不仅培养了学生猜读的阅读方法，还激发了学生的阅读期待。"蟋蟀的命运将会如何呢？""如果你是此时的柴斯特，你会怎么做呢？"将猜读贯穿整个课堂，激发了学生读书的欲望，这样就好像播下一颗阅读的种子，符合新课程倡导的"多读书，好读书，读整本书。"

三、渗透方法指导

小学生的课外阅读需要"广泛地读"，也需要"规范地读"。唯有适时正确渗透阅读整本书的一些方法，才能实现"读好书"的美好愿望。只有帮助儿童建立一个比较好的阅读习惯，才会受益终身。

课堂上，从介绍书封面的图片，到文字，再到封底人们对这本书的评价，从事情的起因、经过、高潮到结局，在交流中让学生喜欢阅读，感受阅读的乐趣，无形中学会阅读的方法（浏览、品读、角色体验）。

四、适度运用媒体

我们常说"万事开头难"。的确如此。一个精彩的开场白可以大大激发学生的学习兴趣，使他们投入到自主学习当中。因此教师根据教学目标、教学内容、教学对象，将文字描述的抽象情景、意境，创设成能激发学生学习情趣的一种场景，就十分必要了。而多媒体教学手段的运用往往能在这时起到十分有效的作用。

在本课教学中，姜老师将文本插图拍成照片，做成图片插入幻灯片，剪辑声音材料，插入链接，让学生大胆猜一猜故事情节，从而以"猜"为主线，整合教学资源，优化教学辅助资源，激发学生插上想象的翅膀，积极主动地去创造想象故事情节，从而促进主动阅读，使课达到"未有曲调先有情"的效果。

读课外书的好处

不少家长甚至部分教师都存在着一个认识上的误区，总觉得学生看课外书是看"闲书"。他们恨不得孩子每分每秒都在听写、背诵、写作文……似乎只有这样，才能提高学生的语文学习水平。这种想法，其实还是应试教育衍生出的怪胎。

许多文字上有造诣的作家、学者总结自己成长经历时，总少不了青少年时期博览群书。班级上语文成绩较好的学生常常是对课外书刊情有独钟。

有专家研究证明：一个学生的课外阅读量只有达到课本的4~5倍的时候，才会形成语文能力。在这方面，特级教师窦桂梅堪为典范：她所带的一个班自小学一年级开始至六年级毕业，学生积累了100多个寓言，200多条古今中外名言警句，300多首古今诗词，1000多条成语，因而她教的学生文笔流畅，出口成章。

我国当代著名教育家朱永新说过：一个多读书的人，其视野必然开阔，其志向必然高远，其追求必然执着。也就是说，多读书，不仅能使人变得视野开阔，知识丰富，而且还能使人具有远大的理想，执着的追求。

我国著名的语言学家吕叔湘先生也说过，他学习语文，三分得益于课内，七分得益于课外。的确如此，我们从各种课外书中可以获取丰富的知识，通过阅读，我们可以跨越时空，了解古今中外的事情。我们还可以通过阅读和各种名人对话。不仅如此，多读课外书还能提高你的作文能力。杜甫说：读书破万卷，下笔如有神。可以这样说，凡是作文写得好的同学，都是喜欢课外阅读的，因为可以从课外书中学到一些好词佳句，可以学到一些写作的方法，可以积累一些写作的素材。当然，读课外书的好处还有好多，我想喜欢课外阅读的学生都能深切地体会到。

总之，一个人养成了爱读书的习惯，他才会一生都不感到寂寞，他才会完成终身学习的任务，他还会是一个不断提升自己，不断成长的人。如果一个人养不成读书的习惯，他就是一个很容易寂寞，很容易烦躁的人，是一个眼界不宽的人。

课文学习与思维训练

　　思维和阅读密不可分，我们的思维能力决定着阅读能力，提高阅读能力的关键是提高思维能力。语文学习的重点是字、词、句、篇。小学阶段的语文以学习字、词、句为主。很多小学生只注重字、词、句的死记硬背，忽略了思维能力的训练，导致中学语文学习时阅读能力的低下。小学阶段的学生直观性强，正是培养语文阅读思维能力的黄金时期。今天我就以《开满鲜花的小路》为例，来教大家学习一篇课文。

　　首先，学会关注和感悟优美的词句。课本中的每一篇课文都是很好的习作范本，怎么用好它呢？思维以感知为基础，感知离不开注意力。孩子们在声情并茂地朗读课文过程中，要注意发现优美的词句，感知词句所表达的含义，增加阅读的趣味性，激发思维的火花。关注了词句，学会感知词句表达的意蕴，从而为句段阅读打下了基础。

　　其次，弄清句子之间的关系。句子之间存在着一定关系，认清它们的关系，对阅读大有好处。每篇文章都有一定的写作顺序，描写事物、人物也有一定顺序，句子之间有一定的顺承关系。要调动思维，在读通课文基础上，初步运用分析方法了解句子之间关系。例如，人物外貌的描写，可以从头部写到身体，再写脚，也可以整体到局部描写，或局部写到整体等，不能写了一句头，马上写身体，再回过去写头，这样显得条理很不清楚。可以通过说话练习，说说自己的好朋友外貌和爱好，学以致用，加强对课文阅读方法巩固。

　　最后，梳理内容，认知构段方法。孩子们通过阅读大量的课文，很容易发现很多文章段落结构是相似的。要学会整理、对比、分析，这一点非常有利于学习和记忆，也非常适合低年级学生模仿学习。例如《开满鲜花的小路》中鼹鼠先生到刺猬太太家，到狐狸太太家，在路上看到的情景作者描写的语言是一样的，只是在句中换了一下描写颜色的词语，学习时可以标识段落，比较一下，学生很容易看出了段落相同的地方，再找出两个不同的词语"绚丽多彩""五颜六色"。孩子们要学会发散思维，用上面段落的句子，描写颜色的词语换成其他词语的方法，写一写鼹鼠经过其他动物门前看到的景色。要学会梳理内容，认清课文构段方法，慢慢地转化为自己的学习方法，从而指导自己的阅读。通过梳理内容，调动了大脑思考，发展了思维力，更容易理解和学会课文知识。

这篇课文我设计的小练笔或是思维的方向是：

（1）鼹鼠经过小动物门前看到的景色，请你展开想象写一写。

（2）你想去开满鲜花的小路上走一走，看一看吗？为什么？

（3）生活中还有什么是美好的"礼物"呢？

（4）那么多优美的词语，你可以选几个你喜欢的词语写一段话吗？

（5）读这篇课文，你最大的感受是什么？从文中的什么地方看出？（快乐、美好、爱……）

（6）仿写，试着写出你经历过的某件事，你内心的那份美好或是快乐。

……

一篇课文仅仅教学字、词、句是远远不够的，特别是思维能力是无法培养的。一篇课文我关注的焦点是在孩子们思维能力的培养上，学会思考、学会观察、学会表达、学会积累，更要学以致用，让自己变得丰盈，美好，这样长大了会把生活过成诗的样子，自食其力，勇敢面对一切，让人生更有价值！这是我一贯坚持的教学理念。

苏霍姆林斯基认为："对于一个善于思考的学生来说，他在脑力劳动上所化的时间，大约有三分之一是用在阅读教科书上，而三分之二是用在阅读非必修的书籍上面的。"因此，要积极开拓思维，进行课外阅读，读得有法，读得有趣，读得有效。

朗读指导竟如此巧妙

——看窦桂梅《祖父的园子》教学实录有感

《语文课程标准》中指出：5～6年级学生能用普通话正确、流利，有感情地朗读课文。正确、流利容易指导，但做到"有感情"似乎就比较难了，并且这"有感情"也没有一个标准，教师也很难把握。笔者在认真学习了窦桂梅老师执教的人教版五年级下册《祖父的园子》的教学实录后，有了一些反思和收获。

一、最初的朗读指导

看了窦老师执教的《祖父的园子》的教学实录后，首先感受到了名师的教学睿智、深厚的文化底蕴、丰厚的学养和敏锐的洞察力。《祖父的园子》节选自萧红的回忆性长篇小说《呼兰河传》。课文描写了"我"童年时代跟随祖父在园子里劳动的情景，表现了祖父的园子是"我"童年快乐、自由的家园，表达了作者对童年生活的眷恋和对亲人的怀念。在学习课文前的谈话中，窦老师告诉学生，"作家用文字再现了她记忆中的那个园子世界，画家侯国良用画面再现了她理解的园子世界，那么，这节语文课上，我们就用朗读来再现这园子的世界。"朗读的第一步是"文通字顺"，意思就是要做到字音正确，停、连的准确。于是，窦老师便和孩子们开始了美妙的朗读，边读边指导。接下来她引导学生学习：园子里有什么，还有什么样样都有？让学生反复朗读，读出不同的语气。然后引领学生体味萧红难以忘却的仅是园子吗？继续练习朗读并思考，这个园子对萧红而言是个怎样的园子？最后从思考作者到思考自己：其实每个人都有属于自己的园子吗？你有吗？羡慕萧红的园子吗？

例如：第一自然段：

我家有一个大花园，这花园里蜜蜂、蝴蝶、蜻蜓、蚂蚱，样样都有。蝴蝶有白蝴蝶、黄蝴蝶。这种蝴蝶小，不太好看。好看的是大红蝴蝶，满身带着金粉。蜻蜓是金的，蚂蚱是绿的。蜜蜂则嗡嗡地飞着，满身绒毛，落到一朵花上，胖乎乎，圆滚滚，就像一个小毛球，停在上面一动不动了。

她在让学生朗读这一自然段时，注意词语间的停顿，读出句子的节奏，特别强调了顿号的节奏。告诉学生，朗读的语气要根据朗读的内容确定停和连，就是说，几句话写的都是一种景物，朗读时，也要注意连在一起。学生读不到位，老师又极有耐心的引导，就这样，边赏识边教，努力让孩子们在脑子里再现园子的世界。

看了窦老师的教法，让我有了豁然开朗的感觉。她对教材的解读方式是"朗读，再现世界的一种方式"。对教材中的每一句话，每一个标点，她都是用"有感情地朗读"这种方式来引导学生体会文章的思想感情的。看似简单的一篇课文，教材里基本上没为如何指导学生朗读做具体的指导说明。课文要读得"有感情"，就要教师钻研教材，用心琢磨，准确把握教材，大量阅读有关书目，反复推敲才能读出味儿来。指导不到位或不得法，那学生只是在读字，绝对是没有什么感情色彩而言的，而且还是一种"伪读"。教师是朗读指导者，是文字作品的传播者，他必须先于学生了解作品，欣赏作品，从中受到启发，受到感染，受到熏陶，受到美的享受。他必须把原作品的独特性、创造性如实表现出来。在理解作品时，要考虑哪里是难点，哪里是重点，怎样指导学生读？于是，我认为一、二年级的学生，因为他们认识的字还不多，教师在朗读时就要字字清晰。语速缓慢，亲切有趣，给学生思考词语意思的时间，为了加深他们对课文的印象，更应把主要内容突出出来，把形象鲜明起来。对生疏、难懂的词语，尤其要注意表达确切，并且加以强调。学习之后，我告诉孩子们，让你们的小脸和你们一起读书吧！于是，可爱的孩子们夸张的用自己的小脸读起书来，表情如此丰富，自己的表情更是不自觉地随着他们的变化而变化，让你看了，也会情不自禁地想和他们一起读。低年级的孩子可塑性比较强，教师把握好课文的读法，长时间训练下去，孩子们的语感就一定会进步！也会爱上朗读！中高年级的学生，有一定的知识积累，学会了欣赏、思考，教师必须在严密的语义和深刻的蕴涵上下功夫，从作品中给他们以启迪，教师通过朗读的诱惑、感染，调动了学生的积极性，让他们爱上朗读。这些是作为教师应具备的能力，否则，就不能驾驭朗读指导。

二、有创意的朗读指导

窦老师把课文读成了这样几块：①朗读欣赏我和祖父劳作的段落，体会我的自由、快乐的童年生活。②朗读欣赏祖父和我的对话，感受祖父对我的爱。③朗读欣赏园子里的自由、美丽，体会作者写园子的自由，是为了抒发我自由的情感，由此渗透借物抒情的写法。这样一个看似随意，但层层深入的过程，充分展示了窦老师深厚的解读文本的功底。

例如，师：祖——父戴一顶大草帽。（师用深厚的声音强调"祖父"）

生：我——就戴一顶小草帽。（生用清脆的声调强调"我"）

师：祖父戴——一顶大草帽。（师重音强调"戴"）

生：我就戴——一顶小草帽。（生重音强调"戴"）

师：祖父戴一顶大——草帽。（师重音强调"大"）

生：我就戴一顶小——草帽。（生压低声音强调"小"）

教师变换语气对读这句话，从朗读指导中看出祖父的慈祥，饱含对萧红的宠爱，看出童年时的萧红很顽皮、快乐、自由。在园子里，萧红是自由的、是快乐的，她永远忘不了。这样的示范性朗读，看似没有教，其实是在教。这样的朗读指导，比教师在口干舌燥地讲：要怎样连读，要怎样注意语气，要如何停顿等强好多倍。是啊，小学生懂什么叫朗读的技巧以及理论吗？教师的示范是最好的说明。小学低年级学生是不能听懂深奥的理论的。可见教师的示范多么重要啊！但这种创造性的示范是一般人没想到的，或是没有注意到的。平时的教学中，我就根本注意不到，也不会在备课时想到这样的朗读。窦老师告诉学生，朗读还要注意人物年龄的不同，语气、语速的不同读法。她常激励学生说，"你的朗读告诉我们……"学生听了多来劲啊！窦老师的引导紧贴学生的原有水平，再稍加点拨，学生就感受到了，没有任何跳跃和生涩的感觉，只是很自然的像泉水一样淙淙流淌着。所以学生都感觉就像大朋友那样，在亲切的交谈中让你恍然大悟。我想这才叫真正的水到渠成，也是课堂教学的真境界。"拥有朗读，习惯朗读，用朗读再现世界，也是一种终生受用的方式。"

"形散而神不散"是散文的重要特点。所谓形散，主要指散文的取材十分广泛自由，或写景，或议人，或抒情，不受时间和空间的限制，还指散文表现方法不拘，组织材料，结构成篇也比较自由。所谓的神不散，主要是说，其要表达的中心明确而集中。散文的神就是散文的主题，散文的灵魂。学习散文最朴素的，最有效方法是朗读。要朗读好这类体裁的课文，首先要知道散文的基本常识。①要把握散文形散神聚的特点。散文总是有一条清晰的线索贯穿全文，统领全篇，是全文浑然一体。朗读应根据文章的主题和发展线索，用停顿的长短来显示文章的结构变化以及语脉发展，用重音和语调来突出主题，使语脉清晰，聚而不散。②表达要富于变化。散文语言自由舒展，表达细腻生动，抒情、描写、议论相辅相成，显现生动，多样，对于不同风格要区别处理。③朗读语段、句群体现节奏感。特别是一些对偶和排比的句式，朗读要一气呵成，给人以气势贯通，行云流水之感。《祖父的园子》这篇课文就应该把握好散文这种形式的朗读。

窦老师告诉我们：朗读就是理解，朗读更是发现。怎样深入地获得对文本的"发现"，即独特的感受。有的朗读，听起来也有抑扬顿挫的变化，可就是不入耳。这并不是作品本身有缺陷，而是朗诵者对作品的"发现"还太浅薄，没有真正走进作品，还是在那里"挤"情，"造"情。朗读者必须仔细体味作品，进入角色，进入情境。当然，即便是对于同样的文字，每一个人的感受也是不同的，这就涉及一个语感问题。教师作为朗读者，应该使自己从文字中获得感受的能力不断加强。当然，感受不是目的，它的力量在于把朗读者推向情感的高度。那种对文字不求甚解或者是走马观花的人，对语言的表现肯定也只是徒具其形，难动于情，正如扎根贫瘠土地的花朵，也许还没有绽放就已经凋谢了。所以，只有深入细致而又耐心咀嚼文字，即反复地"咬文嚼字"，才能在朗读中结出真挚浓情、感受力强的果实。文章里面有很多对于人物、事件、环境、场景的描写或者叙述，朗读的时候是不是把每一句话读懂就行？答案是否定的。作为朗读者，我们从开始对文章理解这一环节，就要设身处地地去感受文章里面的内容。透过文字语言，我们要能够看到、听到、闻到、触到，文章所反映的客观事物以及事物的发展变化。其实，强调朗读，读出的是感受，不仅是感情，这中间，无论是形象感受，还是逻辑感受，提升的不都是师生的语感吗？那么强调朗读就是理解，朗读就是发现，提升的不也是师生的独特理解与感受吗？生活有多丰富，朗读就有多丰富。文本中有我们未知的世界，这就需要朗读时充分调动自己的生活经验、知识经验，将空白处、费解处用情境再现的办法以填充和丰满，总之，凡有助于情境再现，帮助理解文本，调动对文字的感受的方式方法，只要不是粗俗低级，而是阳光向上的，就应该大胆地拿到语文课堂上来，为师生所用。情境再现时，朗读常常伴随有手势、表情等体态语言。有些时候还得借助一些特殊的表达手段，如笑语、颤音、泣诉等。但这些办法不能过多、过火，朗读不同于演戏。语文老师的朗读，要以自然、不造作为底线，否则不但无法将学生带入情境，反而可能会引来学生的哗笑取闹，起到相反的作用。在理解感受作品时，有些时候需要丰富的想象，你必须进入文中的情境，使作品的内容在自己的心中，眼前过电影，活起来，就好像亲眼所见或者自己亲身经历一样。朗读实践中，除了要把握一些技巧，使之给予自己的朗读一些辅助措施之外，对于作品背景和主题的理解与感受，也为朗读的入情入境，提供了可循的依据。把握作品创作的背景、作品的主题和情境的基调，才会准确地理解作品，才不会把作品读得支离破碎，甚至歪曲原作品的思想内容。所以我们说，朗读，一定要明确文章究竟在说什么，怎么说，在什么情况下说。正所谓：功夫在开口之前。对于教儿童朗读，范读不妨略带夸张，以突出人物的身份、性格、表现情节的起伏、高潮。我们知道，对于儿童，正统不如卡通，言教不如身教。范读者，夸张地放大自己，慢慢地，自己就会慢慢洗尽铅华，回归自然。而这时，师生的自信审美就建立起来了。

语文教学首要任务是进行语言文字训练，而语言文字能力的掌握首先要通过读的训练，窦老师的这节课，自始至终地重视和落实了这一点。同时，她对文本的解读非常到位，也很独特，对语言文字训练的点抓得很准。只有教师读懂了文本，读懂了作者的心，做好文本作者的知音，力求做作者的代言人，在课堂上才能游刃有余地引导学生读懂文本。她还说："我们自己的文本需要我们自己解读。"我们教师在解读文本时一定做好充分的准备，该注意的语言文字训练点要预设明确的练习点，训练方式、方法，在课堂上才能做到有备无患，训练到位扎实。总之，我们一定要坚定不移地让语文学科姓"语"，引导孩子在文本的解读中，达到语文学科的工具性和文学性的互融互进，凭借丰富动人的语言文字敲击孩子们的心灵，让语文的"语言"魅力打动孩子们的心。窦老师巧妙地运用多媒体辅助教学过程，很多需要学生朗读的部分，她用多媒体课件出示，用红笔凸显出来，给学生以直观的印象，这样就节省了课堂上的时间，大大提高了课堂效率。可以看出，她对教材背景挖掘得很深很透，可知，平时她一定读了大量的书，备课能达到这样的境界，必然是知识的一种积淀，厚积而薄发。窦老师能发现别人没有注意到的细节，这样的朗读指导，这样上语文课，学生怎么能不爱呢？有了这些知识的积淀，教学才能左右逢源，把整个教学过程设计得如此清新、自然。就这样领着孩子们玩味着语言，快乐地在语言文字的道路上走着，让学生在不知不觉中享受到了学习语文的乐趣！

窦老师介绍了自己设计本课的理念：散文不是讲读解读，而是朗读。是啊，那么美的一篇文章，被有的教师讲解得支离破碎，实在是可惜。有的文章，教师在用情地读，可是还是没有打动学生的心，说明什么呢？我认为一是教师的语气太夸张，让学生感觉有些奇怪；二是教师没能用深情的语言感染学生，打动学生的心。语文教学中朗读的重要性无须赘述，但如何用朗读贯穿整个课堂，如何在引导学生朗读时不让学生觉得生硬、别扭真是一件不容易的事。其实，这还是要看你是否达到了那种境界。朗读是语文教师最重要的基本功，是必须的专业修养，是能够创造"财富"的生产力。通过朗读，我们可以提高阅读能力，提高艺术鉴赏能力，陶冶情操，提升自信，开发潜能，增强记忆。朗读教学，让学生通过朗读突破性格障碍，掌握语言技巧，进行有效沟通，巧妙表达思想，能在大庭广众之下，轻松体现自身的睿智高雅，轻松走上事业的成功之路。朗读高于生活，努力让我们的声音除了表情达意之外，更能成为自己和他人的一种艺术的享受。

朗读教学，我会一直走下去。

关于文本细读在小学语文阅读教学中的
应用研究

一、引言

伴随着新课程改革的逐步深入推行，小学语文阅读教学更加受到广大教育工作者的关注，这是由于通过阅读教学可以让学生吸收更多相关语文知识，于学生语文水平的提升十分有益。而阅读教学又是小学语文教学中的难点内容，如何能够让学生通过阅读理解文章内容，是语文教师需要重点考虑的问题。

二、增强学生对文章内容的理解

小学语文教学中，文本细读是一种使用较为普遍的阅读方式，其可以增强学生对文章内容的理解。通过文本细读，可以增强学生对文章的兴趣，而在兴趣的作用下学生可以学习更为深入的知识，于学生语文知识的学习大有裨益。由于小学生的知识体系不够完善，其在学习中需要教师予以指导，这样才能够收获良好的学习效果。在梳理文章相关内容后，学生能够切身体会到作者的创作思路，了解文章的基本内容。因为学生年龄较小，理解能力相对不足，所以教师可以让学生对文章进行多次阅读，感受作者所要传达的情感，深化学生对文章内容的理解，实现高效教学。例如，在讲解《找春天》这一课时，教师可以利用多媒体呈现春天美丽的景色，并给予学生引导，让他们反复阅读文章内容，这样学生在多次感受作者对春天景色描写的语句后，能够较好地体会到春天的美好，通过文本细读助力学生对文章内容的理解，形成对知识的有效吸收。

三、通过自身的提升来影响学生，使学生掌握文本细读的基本方法

不论对于何种事物而言，其应用都是以实践为前提的。一些好的方法在实践应用中未必可以收获良好的效果，这是由于新事物必然会对传统事物产生冲击，这种作用下，结果可能具有两面性。在小学语文教学活动的开展中应用文本细读的教学方法，根据常规理解，能够起到提升教学效果的作用，然而没有通过实践，其未必会达到理想效果。教师具有丰富的知识储备，有着独特的教学方式，然而在语文教学中应用文本细读的教学方法，于教师自身来讲，也是一种全新的方法，教师需要对此进行学习，了解其具体应用中的优势与不足，能够熟练运用，如此方可在实际教学中更好地向学生传授知识。

课堂教学活动开始之前，教师需要做好备课工作，具体内容不必受限于教材中的内容，可以从多方收集相关资料，确保课堂教学更加具有灵活性，为学生营建较好的学习气氛，调动学生学习的积极性。例如，教师在讲解《田忌赛马》一文时，可以给学生讲述《孙子兵法》中的其他故事，这样可以拓宽学生的知识面。例如可以让学生阅读《退避三舍》的故事，让学生通过《田忌赛马》进行类比，从中得出做事之前需要做好谋划，这样才能更有把握以及要学会隐藏自身，及早暴露自己只会让自己处于不利，知己知彼，才能够在战争中取得胜利的道理。所以，教师需要合理运用文本细读的教学方式提升学生的语文阅读水平，应该从自身做起，学会文本细读的应用方法，使其在阅读理解中得到科学运用，增强学生的阅读水平，获取更多阅读技巧，为学生今后的阅读与写作打下坚实基础。

四、利用文本细读深化学生语文情感

在小学语文教学中，阅读教学一向都是重点内容。伴随着新课程改革

的逐渐推行，语文教学模式也发生了很大变动。具体教学中，学生是课堂教学活动主体，这样学生可以更好地感受到教学的趣味性，有效激发学生学习语文知识的积极性。语文阅读教学中，需要强化学生关于语文词句方面的训练。对于一篇课文来讲，其是由众多不同段落而构成的，而段落是由句子连接的，句子的主要组成是词语和字词。在小学语文教学中，词句是重点内容，同时也是提升学生阅读水平不可或缺的重要因素。具体教学中，教师应该给予学生一定引导，让其掌握句子的基本构成，增强对句子的理解，如此方能把握文章作者所传达的真情实感。因此，教师开展语文阅读教学活动中，需要对词句教学加以认真对待，结合相关教学内容，给学生布置相应的预习内容，这样学生在实际阅读中才会思考得更加深入，显著提升阅读效果。例如，在讲解《开满鲜花的小路》一课时，教师应该让学生细致阅读文章内容，体会文章的深意。教师可以给予学生一定鼓励，让其根据自身喜欢的方式进行文本阅读，利用文中角色的解读体会作者想要传达的思想，细致体味，逐层深入。与此同时，教师也可以向学生提出一些问题，让学生带着对这些问题的思考再次阅读文本内容，加深学生对文章内容的理解，从而收获良好的教学效果。

五、结束语

总而言之，小学语文教学中，阅读教学是其中的重要组成部分之一。实际语文教学活动的开展中应用文本细读的教学方式，可以显著提高教师的教学能力，实现高效教学。基于此，教师应该加大对此种教学方法的研究力度，以使其发挥更大作用，使学生的阅读能力得到显著提升。

参考文献

［1］曹永辉. 文本细读在语文阅读教学中的实践与思考［J］. 文学教育（上），2019（8）：113.

［2］王艳华. 文本细读在小学语文阅读中的应用［J］. 学周刊，2018（28）：141–142.

第二篇 论文精选

论合作学习在小学语文阅读教学中的
应用策略

语文是小学教育中的一门主要学科，由识字教学、阅读教学、口语交际、写作教学几个部分构成，其中阅读教学普遍难度较大，尤其是对于理解能力、思维能力刚刚发展的小学生而言，教师讲授的内容往往难以理解，需要语文教师别出心裁对课堂教学进行调整。因此，从实际角度出发对合作学习在小学语文阅读教学中的应用策略进行详细分析是十分必要的。

一、合作学习概述

合作学习主要是指教师在课堂上根据教学目标，将学生按照一定标准分为学习小组，使其能够在共同学习目标与任务的作用下，相互合作、相互沟通，并积极思考探索，从而达到理想的教学效果。与传统的教学方式不同，合作学习更加尊重学生的主体地位，与新课程标准中的有关内容相符合。阅读教学关系到学生今后的各个方面学习，需要小学语文教师善于灵活的切换教学形式，合作学习的应用能够为其他教学的实施创造有力条件，且可以将其与多种不同的教学形式相互融入，如与多媒体融合，利用多媒体为学生营造与阅读教学内容相适合的氛围，方便学生思考，也可以与情境创设相互融合，例如利用问题来带动小组成员进行思考，创设问题情境，培养学生的问题意识与思考能力。通过上述诸多方式来丰富课堂教学内容，为提升小学语文阅读教学质量奠定基础。

二、合作学习在小学语文阅读教学中的应用策略

基于上述分析，合作学习的应用能够让学生以小组的形式，对学习内容进行探讨与思考，共同完成学习目标，对于激发学生学习兴趣、丰富课堂活动形式等都十分重要，具有极高的应用价值。

（一）合理划分学习小组

合作学习展开的前提就是要保证学生分组的合理性，小学语文教师应该考虑到学生的座位位置、兴趣等，在一定范围内，进行合理划分，避免出现课堂上乱窜座位的情况。在日常教学中，语文教师必须要充分了解每一位学生的特点，以此为基础进行小组分析，且要保证每一个小组的能力均衡。例如将性格活泼与性格内向的学生分入一个小组，学习能力强与学习能力弱搭配分到一个小组，使得每一组都有学生能够发挥自己的带头作用，实现组内的协调与沟通。例如教师在讲授《小英雄雨来》这一阅读内容时，就可以让组内的小学生对文章内容进行讨论，鼓励组内进行沟通、交流，借此培养小学生的独立思考意识与能力，提高小学生的爱国意识。

（二）创设良好学习环境

良好的学习环境能够增强课堂的感染力，带动小学生的学习兴趣，使其能够在氛围、环境的感染下，积极参与教师所组织的课堂教学活动，结合自己的知识储备，对文章阅读提出自己的意见与见解。小学语文教师必须要结合教材内容，学生兴趣、特点、性格等，构建起一个多元的教学环境。例如，教师在讲授《海上日出》这一篇阅读文章时，教师就可以为学生展示一些海上日出的图片，让学生能够对日出时的景观产生更为深刻的印象，然后将学生分为小组，以小组为单位让学生进行自主朗读，发掘文章中描写的关键词，并初步理解文章内容。需要注意的是，小学生受到自身能力因素的影响，很容易出现理解偏差、错误的情况，教师应及时对学生进行引导，对于学生理解错误的部分，教师可以为学生播放微课、短视频等，让学生了解海上日出并发展自身在理解、学习过程中存在的偏差问题，为小学生的自我纠正提供便利条件，也是为小组学生可以很好地完成学习任务打好基础。

（三）积极开展分层评价

教学评价可以说是小学语文阅读课堂中较为重要的一部分内容，关系到学生学习的积极性与学习自信心，教师要在充分考虑学生差异性的同时，从不同层面、方向展开教学评价。语文教师可以根据小组学习的成果，首先展开教师评价，从小组细化到个人，对于学生的优点教师要及时表扬，缺点则是要委婉告知，避免伤害学生自尊，然后则是可以开展小组间互相评价、学生间相互评价、学生自我评价等等，实现学生全面评价，通过这种方式来帮助小学生对自己有所了解，并发现学习中的不足在今后加以改正。另外，课堂教学评价还能够及时发现教师教学中存在的缺陷，有助于今后课程教学的细化，提高阅读教学有效性。

三、结束语

综上所述，受到各个方面因素影响，小学语文阅读教学有效性难以保证，传统教学弊端也在新课改时代背景下逐渐凸显。因此，小学语文教师应结合新课程标准内容，通过合理划分学习小组、创设良好学习环境、积极开展分层评价等方式，对合作学习加以应用，符合时代教育需求与核心素养培养要求，促进学生全面发展，提高小学生自身的阅读能力。

参考文献

［1］廖琴琴. 论合作学习在小学语文阅读教学中的应用策略［J］. 中华少年，2018（7）：282.

［2］蒋素芳. 合作学习在小学语文阅读教学中的应用策略探究［J］. 课外语文，2016（4）：110.

浅谈小学语文阅读教学的优化策略

新课程改革已经在全国范围内进行展开，传统的教学模式和教学手段已经不能适应新时期小学语文阅读教学的需要。作为能够提高学生的阅读能力的小学语文阅读教学，在教学过程中依然存在着不少的问题没有得到很好的解决，这些问题的存在影响了小学语文阅读教学的质量，阻碍了新课程改革的顺利施行。本文从目前小学语文阅读教学中所面临的问题出发，从三个方面来论述如何达成小学语文阅读教学的优化这一目标。

一、革新教学理念，激起学生的阅读兴致

当前的小学语文课堂，教师常常用比较死板的形式来讲解和分析优美的文章，导致语文课堂变得十分无趣，学生缺乏阅读的兴致。由于小学阶段的学生活跃性较高，因此，在教学当中，我们的教师可以针对学生的这一特点，以激发学生的阅读兴致为目标，利用小组协作的方式展开课堂教学。教师需要革新教学理念，抛弃传统的灌输性的教学方式，注重于学生之间的互动联系，在课堂中多给学生一定的时间去阅读文章，去感受文章所讲述的内容。只有真正激起学生的阅读兴致，才能消除学生对阅读的抵制情绪。

例如，在《燕子》一课中，教师的教学目标是让学生能够理解课文中所要牢记的生字词，通过阅读本篇课文，能够感受到作者笔下的燕子之美。在教学过程中，教师可以先展示一些燕子的图片给学生，让学生欣赏并感受燕子的美丽。接着，教师可以就"你心目中的燕子形象"让学生利用小组协作的方式对文章进行解读，通过让学生在小组中对本篇文章的解读，不仅能够

让学生在讨论和协作的过程中解决课文中的问题，加深学生对所学知识的理解，还能够让学生在阅读的过程中主动加入小组协作中去，了解自身在对本篇文章的阅读过程中有哪些不足之处，进而通过小组协作的形式加以解决，使学生在课堂上的阅读有所收获。

二、丰富教学形式，启发学生的阅读思维

信息技术的迅猛发展，直接影响着小学语文的阅读教学。实现信息技术在小学语文阅读教学中的推广和应用，不仅能够实现对教学形式的丰富和发展，还能够启发学生的阅读性思维，提高教师在课堂中的教学质量和水平。因此，我们的小学语文教师在阅读教学当中，需要对信息技术在课堂中的应用引起足够的重视，要加快小学语文阅读教学的信息化建设，依靠信息技术的资源整合优势和交流优势，为学生构建一个轻松愉快的学习氛围，达成小学语文阅读教学的优化这一目标。

例如，在《赵州桥》一课中，教学目标是让学生通过阅读这篇文章，能够认识县、设、济、匠等生字，能够正确书写设计、参加、雄伟等词语。能够在阅读之后了解赵州桥的特点。在教学过程中，教师可以先利用PPT课件展示一些赵州桥相关的图片，让学生谈一谈观看之后的感受，进而引入本节课的学习。然后，教师可以利用多媒体课件播放一些和赵州桥有关的教学视频素材，让学生在脑海里对赵州桥有一个清晰的认识。同时教师可以就本节课所讲述的知识内容向学生提出几个关于赵州桥的问题，如"赵州桥有哪些显著的特点"，让学生在观看视频的同时进行思考。最后，由教师引导学生带着疑问来阅读本篇文章，在文章中寻找答案，让学生在阅读的过程中感受阅读的乐趣。把教学内容和信息技术关联起来，依靠信息技术的资源整合优势进行课堂教学，不仅能够提高学生对于小学语文阅读的兴致，加深学生对所学知识的领悟，而且还能够为学生构建一个轻松愉快的学习氛围，实现对学生阅读思维的启发。

三、拓展教学范围，注重课外阅读的引导

由于课本中的文章只是众多文章中的一小部分，仅仅依靠课本知识的小学语文阅读教学是不能得到阅读教学优化和发展的。教师在教学过程中，不仅需要指引学生多读一些与课本知识有关的文章和书籍，还要充分利用好课本以外的文学资源，在实际的教学过程中，根据学生阅读的类型和阅读的成效进行有针对性的阅读教学。同时，教师还需要对学生的阅读进行正确的指导，让学生在阅读一篇文章后能够写一些阅读笔记和心得体会。只有做到拓展教学的范围，把课内阅读和课外阅读相结合，才能切实提高学生的阅读本领。

例如，在《蜜蜂》一课中，教学目标是让学生了解验证、纸袋、证实、无论这些重要的词语，通过阅读本篇文章，明白文章的大概意思，了解作者是怎样做实验的。在学习《蜜蜂》一课中，教师可以先出示一些和蜜蜂有关的谜题让学生去猜一猜，通过学生的猜谜进而引入本课的学习。然后，让学生通过阅读课文，概括本篇文章所写的内容。最后，教师根据学生对本篇文章的阅读，引导学生观看《昆虫记》这本书，学生通过阅读《昆虫记》这本书，进而加深学生对课本中所提到蜜蜂的认识。把课内阅读和课外阅读相结合，不仅能够扩展学生的阅读范围，提高学生的阅读本领，而且还能够引发学生的阅读兴致，拓宽学生的知识储备。

总的来说，采取合理正确的教学策略展开阅读教学实践活动，对于提升课堂教学的成效，启发学生的阅读思维和阅读兴致有着很大的帮助。我们小学语文教师应该清楚地知道语文阅读教学对学生的作用，在实际教学过程中要掌握小学语文阅读的特点，通过采取适合学生，能够满足学生阅读需要的方式进行教学，进而推动课堂教学效果不断提升，促进学生阅读能力的提升，实现小学语文阅读教学的优化发展。我相信，只要我们的教师和学生共同努力，这一目标就能够很快实现。

参考文献

［1］田春龙.小学语文阅读教学的实践和创新策略研究［J］.现代教育科学（普教研究），2015（3）：160-161.

［2］胥红.引思维飞翔　展个性飞扬：小学语文阅读教学现状与改进策略［J］.小学科学：教师版，2014（1）：90.

我和孩子们的故事

还有一个多月的时间，和我朝夕相处的孩子们就要小学毕业了，每当想起这件事，心里就有诸多不舍，淡淡的忧愁油然而生，期盼、兴奋、惆怅、憧憬、思念、担心……全面发展的小女生李姝娜，如此优秀，我能成为她的老师实在让人感到骄傲；郑蕴卿小才女永不服输，会思考、能言善辩，有自己的见解；乔琛辰后脑勺上扎着一条60多厘米长的小辫，傻呵呵的样子实在可爱；蒋珂瑶那漂亮的乖乖女，爱老师就像爱妈妈一样；岳剑章是一个十足的《三国演义》迷，才一年的时间，居然把《三国演义》看了7遍；张逸凡那么懂事，听话，实在令我不舍……他们的一个眼神，一个动作，一个微笑，我都是那么熟悉，彼此配合得那样默契，看着是那么舒服！他们像小鸟一样，就要离开妈妈的怀抱，展翅高飞，此时的心里有说不出的酸甜苦辣。我知道，总有一天，我们是会分别的，天下哪有不散的宴席？突然，有一种想把孩子们的故事写下来的冲动，于是，喜悦重临我的心头。

我牵"蜗牛"去散步

每当谈起孩子们，我的爱和成就感便不由自主地流露出来。一直教高段的我，现在要怎样去面对那一群只有6、7岁的小家伙呢？激动、兴奋、紧张……把我的心塞得满满的，但我还是满怀好奇心地走进了一（1）班教室。啊！看见孩子们的第一眼，喜爱之情油然而生，我的脸上立刻写上了"开心"二字，孩子们眨巴着眼睛看着我，心里冒出了一个又一个问号，有的好奇地打量着我，有的惊讶地看着我，有的在揣摩着我，有的笑眯眯地看着我……多可爱啊！看着他们，我的心里兴奋得只有一个想法：他们就是我的孩子，我一定要教好他们！

刚上一年级的孩子，我知道可塑性是很强的。我记得一句话这么说："没有教不会的学生，只有不会教的老师。"我要怎样让孩子们爱上语文呢？怎样让他们感到书是甜的？怎样让我们班成为书香的班级呢？怎样让他们享受到学语文的快乐呢？对，就带着他们一步一步慢慢地走，相信有一天，我们一定会把梦想变成现实的。于是我便牵着这群"小蜗牛"开始了小学阶段的学习。称之为"小蜗牛"一点不假，名副其实。动作不紧不慢，读书嗲声嗲气，这群"小蜗牛"走走停停，停停走走，走走看看。恨铁不成钢的我，开始有些着急了，于是我唬他们，催他们，责备他们，结果是更糟糕。静下心来细细一想，其实他们已经尽力了。余晓雯不但年龄小个子也小，是全班长得最小巧的一个女生。上课总是听不懂我的要求，下课了我一遍又一遍教她，可她还是听不懂，我沉不住气了，开始提高了嗓门大声讲，话才说完，一直站在旁边看着"局势发展"，关心着事态变化的瘦小的女生张琰忍不住了，她怯生生仰起头对我说："老师，她还小。"我一听到这句话时，马上感到羞愧极了。我怎么连一个7岁的小孩都不如呢？是啊，毕竟才六七岁的孩子，怎么能以我一个成年人的标准来看待他们、要求他们呢？看着余晓雯有些发抖的身子，惊恐的眼神，我不禁起了怜悯之心。我得改变身份，变成"蜗牛妈妈"，心怀赏识，重新调整心态，来看待"小蜗牛"们，哪怕需要付出很多，哪怕这其中需要很长的时间，哪怕他们每天只是进步了一点点，但我坚信，总有一天他们会变成"大蜗牛"的！于是我蹲下身子，带着"小蜗牛"们一起去散步。怎样培养他们学语文的兴趣？我担心整天让孩子们抄啊抄，做啊做，兴趣会全没了，于是我便从阅读童话故事开始，让孩子们生活在童话世界里，让他们感到书是生活中不可缺少的东西，读书能让自己变得更聪明……我教他们背古诗，背《弟子规》，读励志的书，讲道理。"老师，这个故事太好听了，你再念一遍吧！""老师，昨天我和妈妈一起看完了你说的那本书了。""我要做个好孩子！"我告诉孩子们，每天在书包里放一本自己喜欢的课外书，你会发现，来学校上课是一件非常愉快的事。就这样我们慢慢地走，我用心地教，"小蜗牛"们认真地学。我不再逼他们，干脆跟在他们后面看着他们努力地向前爬。

"蜗牛"牵我去散步

一天，我突然发现"小蜗牛"们长大了！"这时，我闻到了花香，听到了鸟鸣，感到了温暖。陶醉之余，无意中，我才发现'小蜗牛'们已经爬出了好远。等我赶上他们时，他们正以胜利者的姿势来迎接我。未等我开口，他们已经带着自信，奋力地向另一个'驿站'爬去。原来上帝不是叫我牵蜗牛去散步，而是叫蜗牛牵我去散步呀！"到了高年级，孩子们的语文能力增强了。知道写作文不是为了完成任务，是自己表达的需要，是一件快乐的事；知道写完作文了要学会自己修改，还要会评价、欣赏别人的作文，从中取长补短；知道把作文写好还需要学习许多的知识……聊《三国演义》时，滔滔不绝，讲得头头是道。读章红的《放慢脚步去长大》，个个喜形于色，似乎找到了自己和小主人翁杨等等同样的感受，从书中发现了自己的影子，自己似乎就是杨等等的缩小版，只是原来不知道怎样表达而已，现在在书里看到了作者把自己想说的都说了，真是痛快！也许是爱读书的缘故，孩子们的作文选材形形色色，新颖、独到、有趣，让人有眼前一亮的感觉，语言表达更是让你感到妙趣横生，充满了童真、童趣。李洋的"同桌是个开心制造机"；罗静雯的"吃牛肉会变牛"；许云浩的给花浇水花就会长高，自己多喝水也会长高，于是拼命地喝水——喝水会长高；王珩舟和爷爷下棋，自己总是不赢，爷爷对他说："我吃的盐比你吃的饭还多！"于是就想，我也去多吃盐，这样就可以下赢爷爷了……童年趣事。孩子的作文应该就是这样的。虽然孩子们的作文语言表达不是那么精炼，应用的词汇不是那么的多，但叙述有一定的条理，很有真情实感，有时还在作文中把一些课外或课内学到的一些写作方法应用上去，虽然看上去文章有些稚嫩，但有一种稚拙的美——有创意、有新意！每当读着孩子们的杰作，我就喜上眉梢。我告诉孩子们，那些作家的文章，也没有很多的华丽辞藻，而是一种发自内心的真实的感受，文章的构思，语言的吸引，那都是因为真实才感人！才会让你爱不释手！才会让你受益匪浅！每周我都给孩子们上一节"赏析课"，把本周里自己最喜欢的句子，美美地读给大家听，还要把你喜欢句子的理由说出来，于是孩子们的摘抄作业认真极了，随时都在比赛谁的句子最生动！每周的课前5分钟的演讲雷打不动，讲新闻，讲身边发生的事，讲自己经历的事，我边听边纠正他们语言表达上的错误，真是一举两得啊！每个月的读书会也是孩子们的快乐时光，丁孟君谈读书的体会，苏萧与向大家推荐一本新书，你一言我一语，大胆地各抒己见。语文带给大家的不只是知识，更是一种享受，一种熏陶……看着"小蜗牛"们一天天长大，我喜笑颜开！

孩子们，我们能一起度过6年的美好时光，我感到真是太幸福了！当你们的老师真好！那么多美好的故事我怎么能忘怀呢？

我要做个无比富有的老师

  像平时翻看杂志一样，欣赏着《魅力家长》的封面，然后再看看目录，寻找着令我感兴趣的内容。突然，吸引我眼球的标题出现了："人文薪火，贝海书香""书香里的妈妈：做孩子阅读的榜样""一个点灯人的记忆"当时，我是多么兴奋啊！终于找到了我一直追寻的梦想——教孩子阅读，该怎样做！虽然这些内容被安排在了杂志的右下角，有些不起眼，但还是被我"逮"到了，便迫不及待翻到那一页，如饥似渴地读了起来。边读边想，越读越兴奋，让我信心倍增，激动万分！

  海贝中英文小学，把阅读作为主体课程已经三四年了，把课外阅读引入课堂，其影响延伸到了家庭，还成立了"妈妈读书会"，教师一日不辍地陪着孩子阅读，家长时常读书给孩子听，这真是一个创举！他们这样的做法才是在真正教语文，真正培养学生的语文素养和人文精神。古人说：书中自有黄金屋，书中自有颜如玉。我们常说：读书能让你变得更聪明。作为一名语文教师，最重要的是让孩子学会读书，养成爱读书的好习惯！这也是语文教师的责任和义务。语文是需要熏染、濡养、积淀的，阅读就是吸收的过程，储存的过程，不断充实的过程，而写作是表达的过程，展示自我的过程，没有量的积累，就不会厚积薄发。我们知道阅读的好处，但有时还是跳不出那圈子，唯恐孩子没有掌握书本的知识，反反复复让孩子抄啊抄，练啊练，最后，孩子们被训练成了抄书的机器，思维已经被扼杀了，能力已经僵化了，这样变味的语文课彻彻底底的在孩子们的心中生根、发芽、开花、结果。恶性循环，导致读了那么多的美文，学了那么多的好词佳句，孩子还是不会写作文！因为，孩子的读书时间已经被大量的抄写时间占用了，看书的时间已经所剩无几了，仅仅靠抄抄写写怎么可能会有生动的表达呢？生活处处是语文，我们要让学生学会观察，学会感悟，学会表达，没有大量积累，是不可能做到的。阅读，正是实现这些目标的一个形式和载体，教师就是引领孩子走向阅读之路的向导。这就是教师的使命。海贝中英文学校的黄校长说："在孩子阅读，成长的路上，我们是点灯人，即使不能成为火炬，也要做一只萤火虫。"说得多好啊，我们能做的就是教会学生怎样爱上阅读。现在，我所带的是二年级的孩子八九岁的孩子正是培养阅读兴趣的最佳阶段，他们正处于好奇心、模仿性很强的年龄，《魅力家长》给了我启发，我一定要带着孩子们踏上阅读之路，去追寻真正的语文课。我一定要努力成为阅读路上的"点灯人"，就如梅子涵先生所说，要点很多盏长长的灯，让孩子优秀、优雅和完美；让孩子的人生路上多一点从容、豁达，越走越远。我一定要真正培养孩子的阅读兴趣，提升孩子的阅读能力，促进他们终身发展。《朗读手册》中有样一句话：你或许拥有无限的财富，一箱箱的珠宝与一柜柜的黄金。但是，你永远不会比我富有——我有一位读书给我听的妈妈。读了这句话，我热血沸腾，有一种冲动，一定要做一个让学生觉得无比富有的老师。

我这样教看图写话

语文学习中,写作是学生综合能力的体现,学生语文好不好,只看写作就知道。一个有经验的教师,相当重视写作练习,因为写作练习得法,提高的不光是写作,还会强力拉动阅读和基础知识的掌握。所以,写作在语文教学中的地位是重量级的。

这里说说我指导学生写作的一点做法。

一、勤练笔

从写句子开始。从易到难,消除孩子的负面情绪。有的孩子一听写作文就开始抓耳挠腮,半天下不了笔。不要有太高的要求,循序渐进!尤其是连话都说不清楚,不善于表达心里想法的孩子,怎么能驾驭得了一整篇文章?从句子练习,从记忆里的事情开始,教师可以给出材料,因为不少学生选材都困难。

告诉孩子心里怎么想就怎么写,用我的手写我的心,告诉他,是写给自己的,没有人会去看。这样,心里少了戒备,写作起来一身轻松,要写的话全出来了。其实就是像说话一样写作,把意思说清楚,不图语句优美华丽。语句可多可少,一句也行,两句也行,一个字不嫌少,一千字不嫌多。把想要说的话写出来就行,实在没话可写了就换话题。练习几次,学生写的句子越来越多,这个时候,就能自己选话题练习了。

二、练习讲述

讲述，是为了练习学生的口语表达能力，也是为了提高思维能力。

（1）复述。读一篇文章，里面讲了什么事情，用自己的话说出来。目的是为了练习表达和积累词汇。刚开始，选简单的文章，以故事性的文章开始，篇幅不应太长，以后逐渐加大难度。如果选的文章太难，造成的心里阴影以后难以消除，无形中增加了难度。看文章之前，学生心里要明白，看完之后要讲给同桌或者别人听的。这个练习可以在课文里实现，如果每篇课文用复述的方式，对提高学生的写作帮助很大。

（2）讲作文的内容。讲述是写作的基础，在写作之前，把打算写的事情，先用口头语言讲清楚，再把讲的事情写在纸上。语文教材在每一单元写作之前安排了口语交际，是有一定目的的。

三、多读

读书的好处很多。能让学生的思想从幼稚变得成熟起来。刚开始写作，学生写的事情教师看了幼稚可笑，即便这样大人也得憋着别笑。因为他的思想还不成熟，是读书少的缘故。读是输入，写是输出。输入的量要远远大于输出的量，也就大量阅读，才能写出东西。就像牛，吃进去一堆草，挤出来半桶奶。

四、写作的角度问题

用讲故事的口吻写作，想象你面前正有一个人在听你的讲述。写作要轻松，找对角度很重要。很多孩子卡在这里，写起作文来和上山一样累，心里有话，就是写出不来。有的孩子能写但不会说，有的孩子会说，但不会写。写句子和复述，完全可以融入学习课文的过程中练习。先不要急着写作文，把写句子和复述练得没有障碍了，再融入总分总的写作结构练习写作，心理负担没有了，写作也变成了平常事，以后不再为写作担忧，只需循序渐进提高就好。

例如教孩子看图写话，我是这样做的：

（1）给图取个名字。很多孩子看图写话缺少题目，如果给了题目，在正文上方要抄写题目，自拟题目的，题目要符合图意。

（2）看图写话一般用第三人称来写，要给图画中的人物取名字。刚开始，可以先说再写，教师带和大家一起说图画的内容，越具体越好，说完了，再把刚才我们一起说的内容写下来，能大胆创作。

（3）开头空两格。写一段或两段，鼓励孩子能多些就尽量多写，越多越好，废话也没关系。如果写不出来更别说生动形象了。

（4）标点符号要占一格，且运用准确。能正确使用"，、。、？、！"。能写通顺的句子，不丢字，不多字。学过的字必须写字，没有学过的字可以写拼音，但尽量学会写。

（5）要明确写清：什么时间、谁、在哪儿、干什么。句子能清楚地表达图的内容。

（6）通过仔细观察，展开想象，能够写出每幅图"最重要的情节"，重要情节必须详细写。所谓详细写，就是能写出人物间的对话，图中的人物具体是怎么做的，并能够用上恰当的动词。别人一看就知道这句话写的就是这幅图的内容，而不是其他图的内容。

（7）故事要写完整，字数应该至少达到100字以上。

（8）一定要带领孩子进入到一定的情景中，才能开始动笔，有一种写的欲望，才能有感而发。

（9）不一定要规定死时间来进行小练笔，只要时机成熟，孩子们进入了状态，立即就可以拿出笔来抒写。

（10）多鼓励，多读孩子们自己的作品，哪怕一句话都行，孩子们只要不惧怕写就成功了第一步。

略读课文究竟该怎样上？

《语文课程标准》在教学建议中明确指出："加强阅读方法的指导，让学生逐步学会精读、略读和浏览。"课标中对第二学段、第三学段略读的具体要求是："学习略读，粗知文章大意；学习浏览，扩大知识面，根据需要搜集信息。"略读课文不等同于略读，略读只是一种阅读方式，是为了获取相关的信息。而略读教学是一种教学活动，是让学生在阅读实践中获取信息的同时，学会略读方法，从而培养学生的略读能力。崔峦在《对语文课程阅读教学的思考》一文中提道："略读课教学更要整体把握，不宜肢解课文。"因此教学时，务必要求学生先认真读读略读课文前的阅读提示。这段文字不仅自然地由精读课文过渡到略读课文，还有针对性地提出本课的学习要求和方法，使精读课文和略读课文形成一个整体，更好地发挥训练阅读、迁移能力和陶冶性情的功能。

叶圣陶说过："就教学而言，精读是主体，略读只是补充。但是就效果而言，精读是准备，略读才是应用；如果只注意于精读，而忽略了略读，功夫便只做得一半。"叶老十分精辟地阐述了精读与略读的关系。然而，在平时的教学中，有的教师或者把它上成精读课，字、词、句、篇面面俱到；或者是放羊式的，让学生自读……这是对略读课文的教学把握不准尺度的表现。那么，如何进行略读课文的教学呢？笔者就此问题作了一些探讨，我以人教版四年级下册的略读课文《父亲的菜园》为例。

教学思路如下：

（1）我们昨天已经预习了课文，今天又读了课文，你能讲一讲课文大意吗？

《父亲的菜园》讲了"父亲"通过艰辛的努力，在荒凉贫瘠的山坡上为家人开辟出了一处菜园，赞扬了父亲执着、勤劳的品质。课文按事情发展顺序，写了因新修公路失去菜园，父亲毅然要开一块菜地，重点描写了开荒、填土和育肥，生动细致地描写了父亲的言行，字里行间流露着对父亲的敬佩和感激之情。

（设计理念：开门见山直入课文，让学生整体感知课文，这是学习课文、理解课文的基础。）

（2）你能和大家分享你的阅读收获吗？

学生1：读了这篇课文，我觉得他的父亲是一个坚强的人，还看出父亲不怕苦不怕累，起早贪黑，有着农民的本质——吃苦耐劳的精神。我从课文的第5自然段看出。"父亲没有气馁，他在坡地的边缘砌了一道矮墙，再从山脚下把土一筐一筐挑上去……看着新菜园终于被开出来了，父亲笑了。"特别是"红肿的双肩，脚板也磨起了泡"这里的描写更看出父亲的品质。

学生2：这一段我要补充，"矮墙"说明父亲未雨绸缪，不砌高墙是因为他预想到大水一来，更容易冲垮。"一筐一筐挑上去"说明很艰难。

学生3：课文第4自然段中写了父亲刚建的菜园被大雨冲了个一干二净，意味着以前所做的一切都前功尽弃了，可父亲没有抱怨、沮丧，也没有被这挫折打败，反而坚定了要征服它的决心，更加坚定了自己的信念，这精神真令我佩服！

学生4：这课里面我新学到了几个词语，如气馁、贫瘠、狰狞、疑惑不解。气馁就是有点垂头丧气的意思。贫瘠指的是土地不肥沃，狰狞指的是面容恐怖，疑惑不解就是困惑不理解。

师：你能用其中的一个词语造句吗？

生：碰到什么困难我们都不要气馁，只要你积极向上，总会解决的。

学生5：从文中可以看出，一个人只要有梦想，坚持努力去做，就可以成功！原来的地是由岩石和极少的土组成，但父亲没有嫌弃，被大水冲走了挑来的泥土，他也没有放弃，再挑土种菜，这也是一种信念在支持着父亲。所以说，一个人有信念太重要了！

学生6：第9自然段可以看出，父亲的种菜经验很丰富，但也有些固执。菜园里已经长出了绿绿的豌豆，我正做着吃香喷喷的炒豌豆的美梦时，父亲却把那一片豌豆全翻在泥土里了。我对父亲的做法疑惑不解，但父亲的一句话，"我们不能光顾眼前，也真难为了这片荒地，它是拼了命才养出这一片豌豆来的……"这让我对父亲肃然起敬。父亲想得更远，而我只看到眼前的利益。就如老师常说的"没有舍，哪会有得呢？"

学生7：第10自然段中"精心伺候"这一词，让我体会到了父亲照顾土地就像在照顾孩子一样的用心，全身心投入在那块土地中，很执着。

学生8：读了这篇课文，我从文中的字里行间里体会到了父亲是一个真正的男子汉！为了这个家，宁愿自己辛苦、操劳，让我们过上好日子，他就这样不懈努力着。

师：能结合你的学习情况谈谈吗？

学生9：今天学了这篇课文，我的感触很深。今后在学习上，我也会像文中的父亲一样努力，坚持不懈地去做，碰到困难也不气馁，要用积极的心态面对一切。

学生10：我的父亲虽然不像文中的父亲一样去种菜，但我父亲的精神也让我敬佩。他很伟大，任何困难都难不倒他，在我的心中充满了正能量，是我心中的男神。他可以每天都陪我踢球锻炼身体；考试没考好，不责备我，而是耐心地和我分析考试失误的原因，让我更加努力；对我总是很宽容，很理解我，我心里的秘密他总能猜测到。我爱我的父亲！

师：你们能从文中学到什么写作方法吗？

学生11：文中没有描写父亲的外貌，但给我们一个想象的空间，提到人物不一定要进行外貌描写，作者真棒！如果是我，我肯定会写一点的。

学生12：文章写得比较简单，条理清楚，这是我要学习的地方。

（设计理念：这一问题的设计，主要是培养学生独立思考的能力、学习能力、表达能力、倾听能力、主动学习等，学会从课文的各个方面来汲取知识，不要就只会听教师讲，被教师牵着鼻子走，这样培养出的学生都是具有惰性的，怕动脑、怕思考，最主要的是学生永远处于被动状态，不会学习。于是，我放手让学生自学自悟，适当进行点拨，虽然他们有的地方讲得不到位，但我认为只要有一点点地发现，就应该值得鼓励和表扬。学会学习比什么都重要。）

（3）总结全文。

我们从自己的看法、不同的角度、对课文的理解等方面来学习，有了不少收获。学习就应该这样，要主动去思考、去感悟，坚持不懈，你的语文能力就增强了。

（4）布置作业。

小练笔：①请你找一个角度，写写文中的父亲给你的启示或写写你父亲的伟大。②请你根据课文的内容，描写一下父亲的外貌。

（设计理念：小练笔的目的是为了让学生学习了课文后应该学会观察，有所思考、有所感悟，培养学生的想象力，对课文进一步加深理解，学以致用。）

从课文的设计看，我注重培养学生的思考能力、观察能力、学会学习的能力，不进行满堂灌，充分相信学生的学习能力，不让学生被动学习，把主动权教给学生。当然，这样的能力不是一时半会儿就可以培养出来的，而是教师要大胆放手，学生还要有一定的阅读能力和一定课外阅读知识的积累。

略读课文，教师可以创造性地使用教材，但是在一定的情况下还是应该分清略读和精读的目标。我一般情况是先进行阅读提示，自主阅读；然后让学生围绕要点，品味语言；最后进行积累语言，拓展实践。人教版中出现的略读课文，我觉得编者和教者以及学生都要领会其中的意图，就是逐步把从精读学习中学到的方法运用到自己独立的阅读之中，锻炼学生独立阅读的能力。编者和教者要站在指导学生运用学过的阅读方法上去思考问题，而学生则要从如何运用好自己学习过的阅读方法来进行阅读。略读课文怎样教，关键是抓住一个"略"字。我们平时了解到的教师教略读课文，生怕学生读不懂，都教成了精读课文，这是不对的，关键是怎么处理教材，把握好一个度。把略读都上成精读课，会削弱学生的语文实践能力，也违背了编者的意图。略读有一个问题需要我们界定，那就是"略读课文"只是教材编者定义的。所以，根据叶老的说法"教材无非是个例子"。我认为所谓的"精读"和"略读"没有本质的区别，千万不要因为编者这样说我们也就听了，信了。几十年的教学经验告诉我：有些"精读课文"可以一带而过，而有些"略读课文"确是"大有讲头"的哦。有些版本的略读到了其他版本就成了精读，反之，也是如此。可见，这本来就是编者的主观臆断。我觉得中年级的略读课文主要是指导学生运用学习过的阅读方法，如边读边批注，提出疑问，感受作者的写作方法等。而高年级的略读课文，则主要培养学生归纳、概括、提炼等能力。略读课文要提倡"一课一得"，特别是对学习方法的巩固与运用方面，对教学内容进行裁剪，取舍或重组，突出重点，无关重点的必须坚决舍弃，涉及精读课文内容的必须联系，这样才能突出教学课时目标，有利于学生语文能力的提高。这就需要教师把握好目标，把握好精读的目标，更要知道略读该做些什么。感悟文本内容与感悟语言运用是要点，可以有所侧重。"怎样学"比"学什么"更重要，略读教学是利用前一篇精读教学的学习方法来自学，需要在前一篇精读时把学习方法讲透、讲明白，略读时教师可稍做引导，自学完后，学生自主交流。可以说，精读是学方法，略读是用方法学。

小学生阅读能力的培养

阅读是小学生了解自然与社会、获得知识和经验的主要方式，是搞高小学生语言能力的重要途径，是打开小学生智慧之门的钥匙。

教育家们发现，儿童的阅读经验越丰富、阅读能力越强，越有利于各方面的学习。苏霍姆林斯基就曾指出："让学生变聪明，不是补课，不是增加作业量，而阅读、阅读、再阅读。"可以说，阅读是"终身学习的基础，基础教育的灵魂"。

语言知识不可能一蹴而就，它需要日复一日地点滴积累。只有当阅读成为学生生活中的一种习惯，学生才会从容地坐在书本面前，细细地品读，深入地思考。因此提高小学生的阅读能力是极其重要的，那么将如何提高小学生的阅读能力呢？下面将从几方面进行论述。

一、激发兴趣，让学生喜爱阅读

兴趣是最好的老师，是人们从事任何活动的动力。我国古代大教育家孔子也曾经说过："知之者不如好之者，好之者不如乐之者。"他告诉我们，做任何一件事情，只有是喜欢做，愿意做，才能够做好。有人说，兴趣是做好一切事物的前提。由此可见，同样的道理：如果学生有了阅读兴趣，才能从内心深处对课外阅读产生主动需要。而激发学生阅读的情趣，除了靠挖掘教材本身的感染力，还可以创设良好的情境吸引力和教师设问、启发性语言的诱惑力来实现。在小学语文教材中，有许多名篇佳作，文质兼美；又有许多儿童喜欢的寓言故事、童话，这些文章对儿童有很强的吸引力。在每学一篇新课文时，我都在范读上多下功夫，尽量使自己进入"角色"，通过口语艺术再现文章的语言美、意境美和故事中的形象美，唤起学生对美的追求，引领学生自觉地朗读、默读，抓住学生的兴奋心情，设置有趣的思考题，引起强烈的求知欲和好奇心；另外，教师还要努力激发学生课外阅读的兴趣，让他们愉悦地进行课外阅读，快乐地接受自己想要学习的语文知识，从而达到激发阅读兴趣的目的。

（一）谈自己的读书感受让学生乐于读书

在教学过程中，教师要善于启发学生，教育学生读书、读好书。教师要经常讲述自己（或组织学生讲）阅读读物后的收获和体会，用"现身说法"激起学生情感上的共鸣，使之产生强烈的阅读欲望。同时有计划、有目的地收集一些关于读书的名言，进行评说、欣赏；讲述名人读书成才的故事，进行对比、教育，从而激起学生对读书人的崇拜，对书的渴望，形成与书本交朋友的强烈意向。这样学生就会在课余时间主动地进行广泛的阅读尝试。

（二）利用榜样的力量让学生想去阅读

在教学过程中，教师要经常向学生介绍历史人物、科学家及身边人才的成才之道，以榜样的力量激发学生课外阅读的兴趣。因为古往今来，凡对人类有作为的人，无不是博览群书、勤奋学习的结果。

（三）发挥故事的魅力让学生主动去阅读

在教学过程中，教师要激发学生的主观能动性，使他们养成阅读的乐趣。故事人人都爱听，尤其是从小就伴着奶奶的童谣、妈妈的童话长大的孩子，一听到教师说要讲故事，个个精神抖擞，双耳立竖，喜悦之情溢于言表，迫不及待地想一听为快。随着教师声情并茂，娓娓宣讲，被激化、被渲染了的故事情节早已把孩子们带入了一个悬念百出的情感世界里。正当孩子们听得津津有味，期待大白结局之际，教师戛然收声无不动容地告之孩子：故事情节交错复杂，后面的可更精彩呢，欲知后事，请自读原文。此时教师不失时机地向学生推荐相关的读物。

二、重视对学生进行读书方法的指导

兴趣虽然是人们从事任何活动的动力，但是学生光有课外阅读的兴趣，只凭兴趣毫无目的、不苟方法地去茫茫课外读海中"潇洒走一回"其意义和收效也不得而知。例如，有的学生凭着兴趣，凡有生动情节的内容就走马观花地读读；有的则读了好文章，也不懂得积累知识，汲取技巧，用到写作上。显然这样的读书方法是收效甚微的。因此，我们要进一步引导他们不仅爱读，而且会读，要读得更好、更有收效。教师作为读书的指导者，我们应该向学生介绍一些行之有效的读书方法。阅读的方法有很多种，我所要谈的是几种我们常用而又十分有效的阅读方法。

（一）选读法

选读法的运用一般是根据学生在课内学习或写作上的某种需要，有选择地阅读有关书报的有关篇章或有关部分，以便学以致用。例如，学习了《只有一个地球》一课，学生为了更全面、更深刻地了解人类与地球、自然的密切关系，有目的地阅读《人与自然》一书（或上网查阅）。又如，我们学习了《我和企鹅》之类的课文后，指导学生去图书馆借阅相关的资料，再选择自己所需要的部分，用于写科学小论文，以培养摘录资料和运用资料的能力。同时也丰富了语言积累，提高了阅读兴趣和阅读能力。

（二）精读法

精读法就是对书报上的某些重点文章，集中精力，逐字逐句由表及里精思熟读的阅读方法。元程端礼说："每句先逐字训之，然后通解一句之意，又通解一章之意，相接连作去，明理演文，一举两得。"这是传统的三步精读法。它是培养学生阅读能力最主要最基本的手段。有的文章语言隽永，引经据典，情节生动。教师可以利用这些作品为依据，指导学生精读，要求学生全身心投入，调动多种感官，做到口到、眼到、心到、手到，边读、边想、边批注，逐渐养成认真读书的好习惯。

（三）速读法

速读法就是对所读的书报，不发音、不辨读、不转移视线，而是快速地观其概貌。这就要求学生在快速地浏览中，要集中注意力，作出快速的信息处理和消化。我国古代有"好古敏求""读书十行俱下"之说，可见早就提倡速读能力。利用速读法，可以做到用最少的时间获取尽量多的信息。当今科学突飞猛进，生活日新月异，人们的生活节奏也随之加快，这必然要求我们的工作讲质量、讲时效。如果我们的学生只会字斟句酌地读书，很难适应社会的飞速发展的需求。因此教会学生根据自己的阅读需要，采用速读法是一种明智的选择。

（四）摘录批注法

摘录批注阅读法就是在阅读过程中根据自己的需要将有关的词、句、段乃至全篇原文摘抄下来，或对阅读的重点、难点部分画记号，作注释，写评语。俗话说："不动笔墨不读书。"文章中富有教育意义的警句格言、精彩生动的词句、段落，可以摘录下来，积存进自己设立的"词库"中，为以后写作文准备丰富的语言积累。同时还可以将自己订阅的报纸杂志其中的好文章剪裁下来，粘贴到自己的读书笔记中。读与思共，思与读随。在阅读的过程中，要学着用自己的阅历和知识去审视、对比、评判书中的内容，并及时记下自己读书的感受和疑点。总之读书要做到"手脑并用"，阅读才将会变得更精彩、更有实效。阅读的书籍不同，而采用的阅读方法也不一样；阅读的目的不同，阅读的方法也不同。我们应该注重教会学生根据个人不同的阅读习惯，阅读目的、性质，选择合适的阅读方法，灵活使用。

三、教师要将读书方法渗透在阅读教学中

指导学生掌握读书方法，主要靠教师有意识地把方法渗透在学生理解课文的过程中，使学生经过一次次的阅读实践，一点一滴逐渐领悟方法，并且反复地练习运用，这样才能慢慢地形成阅读能力。为了培养学生自觉地运用科学方法去阅读，就要求教师必须做到：

（1）读前提出要求，教师在备课时应将读书方法的指导作为一项重要的教学目标写进教案，并设计出实施步骤和方法等。

（2）读中相机指导，学生在阅读过程中，教师要针对学生不懂的地方

或文中的重点、难点给予适当的点拨、启发等，指导学生解决阅读中遇到的困难，从而读懂课文。

（3）读后归纳方法。教师引导学生进行阅读实践，读完某段或某篇后，应引导学生回想刚刚经历的学习过程，小结读书方法。例如，引导学生说出一句话、一段话是如何读懂的，段落是怎样划分的，段意是如何概括的，中心思想是如何归纳的等等，并鼓励学生把学到的这些方法不断地运用于阅读实践，逐渐形成独立阅读能力。

一种阅读方法的习得，不可能一蹴而就，立竿见影，必须让学生在阅读实践中反复运用，逐步熟练，最终形成能力。

四、阅读能力应以理解为关键

阅读能力是以感悟、理解、体验为基础的重要能力。独立阅读能力，我认为，学生至少应该达到以下两条：一是读懂；二是会读。

（一）读懂

读懂，即具备基本的阅读能力。学生基本阅读能力的形成，在于教师的指导和有针对性的训练。"带领学生从文章走个来回。"就是说，首先把语言文字弄清楚，从而进入文章的思想内容，再从思想内容走出来，进一步理解语言文字是怎样组织运用的。从整体思考也指明阅读是一个"整体—局部—整体""语言—思想—语言"的反复过程。在这个过程中，学生是主体，教师的任务是使学生读得更好，最终能够自己去读。

课程教学过程中可以采取边读、边思考的办法。读有多种办法，有诵读、朗读、默读、个别读、齐读、范读等等。不管是那种读法，教师都要提出要求，让学生边读边思考，读一遍就要有一遍的收获，而不是一味地让学生去读。

（二）会读

会读，即初步形成正确的阅读的策略。初步学会浏览、略读、精读的方法，初步具有整体上把握自己阅读方向、正确运用阅读策略的能力。就教学而言，精读是主体，略读是补充；就效果而言，精读是准备，略读才是应用。具体地说是：会用精读的方法，正确而又创见地理解阅读材料，从而达到自己阅读的目的。精读，就是对文章逐句诵读，仔细揣摩，领会要旨的一种阅读方法。精读有利于透彻理解文章的内容和形势，有助于提高阅读的深度。精读训练的要求是：

（1）规定阅读的方向。即精读前确定精读的主要问题。

（2）指点阅读的程序。一般都应该按"整体感知—局部分析—整体综合"这三个逻辑步骤训练学生精读，使之理解课文。

（3）指点阅读的方法。包括运用基础知识指导读解的方法和运用阅读思考剖析读物的方法。指点阅读的常规，如查检、参考、圈点、批注等。

五、增强服务意识，为学生的自学创造条件

（一）教师要把学习的主动权交给学生，真正体现学生自主学习

独立阅读能力的培养，离开学生的阅读，思考只是一句空话。在阅读教学中，学生是主体，是学习的主人，教师是为学生的学习服务的。学生自己要有充分的时间读书、思考，读不懂的提出来，师生共同讨论；读懂了的讲出来，大家互相讨论、交流；全班经过讨论还理解不深不透的，教师再引导学生深入读书、思考、讨论，教师也可以给以必要的讲解。优秀的教师在讲授新课时都是先让学生自己读课文，读后谈自己印象深的地方或感受等，再引入新课的讲读。学生谈的不一定符合教师的教学目标，但确是自己印象深、受感动的地方，是学生真实的感受。经常这样训练不仅能培养学生的理解能力，而且能体现和落实学生的自主学习，增强学生的自信。

（二）发扬教学民主，鼓励学生发表不同意见，培养创新意识和创造思维

教师把学习的主动权交给了学生，学生的积极性被调动起来了，思维也就活跃起来，对于课文中的语言文字、思想情感等必然会有许多不同的理解。学生往往会提出让教师预料不到的问题和想法，教师应对学生发表的不同意见持欢迎态度，对学生那种克服从众心理，敢于发表创见的精神予以充分肯定，并在教学中因势利导，使提出的问题妥善解决，使不同意见得以发表，切不可压制、打击学生的学习积极性，只要有道理，就要给予肯定和

鼓励。

六、增强群体观念，培养独立阅读能力

学生阅读能力的培养与提高，除了学生个体学习态度和学习方法等因素起作用外，与学生群体也有密切关系。课堂上不仅要有师生之间的交流，而且要有学生之间的交流，要充分认识和发挥学生群体在推动阅读教学上的作用。教师要善于营造愉悦的、宽松的、开放的学习气氛，使每个学生乐于投入其中，把读书讨论视为一种快乐的事。教师还要善于利用学生群体，展开互助学习。有时学生提出了难以解决的问题，教师应把问题交给大家，依靠学生群体的优势求得妥善的解决。可分组讨论，让每个学生畅所欲言，甚至展开争论，在讨论、争论中取得共识，提高理解能力和说话能力，从而培养学生的独立阅读能力。

阅读能力，对一个学生来说，是一种十分重要的能力，同时也是学生应该具备的一个重要素质。阅读能力的强弱，与学生获取知识，提高学习兴趣，增长见识，以及培养自学能力等方面都有密切联系。小学生阅读能力提高了不但能够加强小学生在阅读中的情感体验，而且可以让学生积累丰富的语文知识，形成良好的语感；能让小学生去理解、鉴赏文学作品，从而受到高尚情操与趣味的熏陶；同时也能发展他们的个性，丰富他们的精神世界。知识来源于实践，阅读能力也是在实践中形成的。阅读能力的掌握与否，是检验阅读教学成功与否的试金石。因此，我们的语文教学绝不是单纯的传授知识，还应"授人以渔"，这样才能真正达到语文教学的目的。

小学语文教学中对学生朗读能力的培养

在小学的语文教学实践中，对学生朗读能力的培养是培养学生综合素质能力教学工作中的一项重点教学内容。但在现阶段朗读教学中仍然存在着一些问题，如教师朗读示范不到位，导致学生的朗读方法不正确，无法将感情带入到朗读的过程中去，甚至是不能明白朗读内容的含义，让学生朗读出来的内容显得苍白无力，这些因素都在影响着学生朗读能力的提高。因此，本文就当前小学语文教学过程中如何提高学生的朗读能力进行展开阐述。

一、教师做好示范作用

在小学阶段，学生的模仿能力比较强，所以需要有个能够起到示范作用的人，来供学生模仿和学习。尤其是在朗读方面，需要一个供学生去模仿的人，而在学校里，能够对学生产生较大影响的人，就是老师。在小学生心里，老师是最容易引起学生注意的人，而且这一阶段的学生模仿能力很强，因此需要老师做好示范作用，注重自己的朗读方法，并系统化进行朗读训练，来引导学生掌握正确的朗读方法。

在示范教学过程中，教师要立足于课文人物形象的塑造上，引导学生着重把握课文中人物的精神形象特点，加深对文中人物的理解，加强对学生想象力的培养，对学生朗读能力的提升具有促进作用。

例如，在《坐井观天》这篇课文的朗读教学中，需要学生用角色扮演的方式去朗读这篇课文，首先需要深入文章内容之中深刻体会文中"青蛙""小鸟"不同的角度与立场，把握角色塑造的目的用意，从而才能用不同的语气进行朗读，表现出不同角色的特点。但对于没有朗读基础的学生来讲，这是个很大的挑战，有些时候他们把握不准文章主旨的表达与一些细节中人物性格的变化塑造。这时候就需要教师做好示范作用，分别用不同的语气来表现"青蛙"对"小鸟"的语气变化，让学生更便于接受和学习，把握角色性格特点，从而提高学生的理解能力与朗读能力。

二、强化方法指导，教会学生"读"中有"思"

在朗读教学过程中，最为重要的一点就是引导学生进行读思结合，如果只阅读不思考，就像人只有皮囊而无血肉，是无法让学生学习到朗读的精髓所在的。但在大多数情况下，教师在阅读教学过程中往往忽视了引导学生进行朗读思考的教学工作。在这些教师看来，朗读教学是一项固定式的教学，朗读所表列出的内容也应该一致，或者说是千篇一律的。但是对于学生来讲，每个人都是特殊的个体，每个人都对人物有着不同的理解方式，因此在朗读过程中所表现出的人物形象也就不同，正所谓"一千个读者，就有一千个哈雷特"。

在大多情况下，学生在进行朗读过程中，教师只是简单地要求学生读准字音，将文章读通读顺就算是达到了教学的目标。由此造成许多学生在朗读过后对自己朗读了什么内容基本上不太清楚，脑中也没留下什么深刻的印象，对自己朗读的内容所要传达的情感也不明白，文章的主旨要点也都显得模棱两可。长此以往，学生对于朗读就成了一个简单的形式上的"读"，对于朗读做不到深度挖掘，这就完全背离了朗读原有的初衷了。因为，朗读最重要的一点，不仅仅在于"读"，更重要的、更深层次的是在于"思"。如果只读不思，就像囫囵吞枣。而学生只有思考清楚了阅读内容的深层含义，把握住了阅读内容的真正思想内涵，对于朗读才会做得更得心应手，才能在朗读过程中更好地表达情感，也才能在朗读过程中体会到朗读的乐趣。

例如，在《骆驼和羊》这篇课文中，讲述了骆驼与羊关于"高与矮哪个好"的争论问题。过道中骆驼吃到墙上的树叶，与羊钻过一人高的墙洞，分别表现了骆驼高的好处与羊矮的好处。

因此在学生朗读课文时，需要先让学生对于高与矮的问题进行一个深入的思考与讨论，细数高与矮的好处，以及都好在了哪里，然后再对老牛说的话进行思考，体味文中所要表达的中心主旨，即我们看待事物不能只看一面，需要以全面的眼光去看待和思考事物，这样才能扬长避短，发挥自身所拥有的优势。

综上所述，在小学语文朗读教学过程中，需要教师做好示范作用，帮助学生读准字音；在教学过程中要丰富教学内容，让学生有更多的机会去朗读；引导学生读思结合，在了解课文内容的基础上再进行朗读；通过情境化教学，帮助学生进行想象朗读，来加强对学生的朗读训练，从而提高学生的朗读水平。

参考文献

［1］李良娟.浅议学生小学语文教学中朗读能力的培养［J］.学周刊，2013（7）：173.

［2］罗丽.小学语文教学中学生朗读能力的培养［J］.中国校外教育，2013（10）：63.

教什么 为什么 如何教

——对语文教育教学的三点思考

一

语文课程教什么的问题，从来都没有一个确定性的结论。从重视双基到重视语文能力，从加强语言文字的训练到现今的三维目标落实。2011年版语文课程标准在实验稿的基础上，进一步明确了语文学习目标与内容，强调语文课程的核心任务是学习语言文字的运用，这应该说是对语文课程教什么有了明确的说法了。但是具体到实践的层面，当一篇篇课文呈现在教师手中时，到底什么才是该教的东西，恐怕大多数教师是说不大清楚的。这当然不能就怪在语文教师的身上，因为要想说清楚语文课程到底应该教什么，就现在的研究来说，希望语文课程也像科学课程一样能说清楚，的确还有许多的困难，可是，虽说语文教什么有点说不清楚，但语文课程教师还得教，学生还得学。这不能不是说件令人十分尴尬的事。我在此重提这件事，并不是说自己有什么能力能把这个问题说清楚，只是想换一个角度讨论一下这个语文教学不得不考虑的问题。就我愚见语文课程该教什么，从实践的立场出发，是否可以从以下一些角度考虑：

（1）从学生的学习层次来说，语文课程要教学生"跳起来"能够够得着的东西。之所以强调语文课程要教学生"跳起来"能够够得着的东西，其含义有四：其一，学生"跳起来"能够得着的东西，不应该是学生已知、已会或已懂的东西。换言之，那些学生已知、已会或已懂的东西，是不需要教师浪费时间教的。其二，学生"跳起来"能够得着的东西，一定是对学生发展有用的东西。倘若这些东西用处不大或干脆无用，是不需要学生劳神费力非跳起来够不可的。其三，学生"跳起来"能够得着的东西，应该是学生不可能会的东西。所谓"不会"，系指学生尚未接触，或经过努力还无法独立掌握，理解不深、不透的东西；所谓"能会"强调的是，这些东西是基于学生现实与可能之间的东西，它不能也不应该超越出学生的可能的认知水平。其四，学生必须"跳起来"，才能够得着这些东西。如果学生蹲着，或躺倒不干是无法得到这些东西的。语文课程要教学生跳起来能够够得着的东西，一靠教师对学情的准确把握，能够找准学生的最近发展区，把教学建立在学生的元认知之上；二靠教师对教学内容的合理取舍，学生能自己解决的则放手让学生自学，学生学习有困难时教师才施以援手；三靠教师对问题情境的有效创设，通过富有挑战性的问题与情境，让学生自然进入"跳起来"的状态；四靠教师智慧的引导，在学生心求通而未得，口欲言而不能，愤悱之情态下恰当地、智谋地予以提醒、引导和点拨，提供必要的帮助。譬如，我们在教学三、四年级的语文时，由于学生已经有了初步的识字能力，所以识字教学就不再需要教师手把手教了；而要让学生很好地体悟文本关键词句在表情达意方面的作用，就需要教师引导了。现在的问题是，我们日常教学费时最多的不是在学生的未知、新学领域，而是在学生已经了然但教师还是不放心的东西，所以，徒浪费了许多的时间与精力。

（2）从教材的使用方面来说，语文课程要教文本精彩关键的东西。就不同的文本而言，无论是长文还是短章，都是用文字符号排列而成。可是因为作者不同，表达的主题不同，选择的体裁不同，言说的对象不同，一个个便有了有别于其他的不同风格、不同气象。这有别于其他文本不同风格与气象的东西，往往是某一文本最为精彩、关键，最具特色的，是这一文本区别于别一文本而保持独立存在的价值所在。它可以是《丑小鸭》讲述的感人至深的故事，可以是《草原》美妙景致，可以是"但愿人长久，千里共婵娟"引起的无限遐想，可以是"杏花枝头春意闹"渲染的春这景象……因此，读这些故事，赏这些景致，品这些诗句，玩这些字眼，我们所应关注的文本

"精彩关键"自然有别。唯其有别，才能获得与阅读另一文本的不同感受。惟感受的多元，才滋润出丰富而深刻的精神气质。譬如，对《凡卡》这篇小说，我们当然会关注小凡卡不幸的学徒生活，关注凡卡对乡村美好生活的甜蜜记忆以及为摆脱学徒生活而发出的强烈呼喊。但其中最值得我们关注的"精彩关键"则是作品描写凡卡悲惨学徒生活时，把作者的叙述、凡卡的信以及他在写信过程中的回忆交织、穿插的写作特色，以及出人意料、极具暗示意味的结尾。抓住这些地方细细研读，用心咀嚼，才能更为深刻地领悟作品语言的特色、结构的匠心和意蕴的深邃。才能读出这篇小说有别于其他小说不一样的味道，从而丰富自己的阅读体验，积淀阅读小说应有的经验。选入教材的文本，多是文质兼美之作，从字词到语段再到文本思想、作者情感，可以学习的语文因素甚多，但是否都要面面俱到，窃以为完全不必。正如步入一间商厦，并不是每一件物品都会让我们驻足停留一样，阅读一个文本我们所关注的多为其"精彩关键"的地方。倘若每一项内容都要抓住不放、细嚼慢咽的话，那我们的胃是承受不了的。

（3）从课程的实施方法来说，语文课程要教好课程中最为基础也最为重要的东西。所谓"最基础也是最重要"强调的是最基本的听说读写等语文知识、方法和能力，如听话说话、识字写字、读书习作等。这些东西初看本来也就是语文课程实施的目标与内容，但审视日常语文课程的实施，有些东西却并没有得到很好的落实。例如，识字、写字是贯穿整个义务教育阶段的重要教学内容，可在实际的教学中，便是第一学段的识字、写字教学也没有成为真正的重点。因为在很多教师的认识和实践中，阅读才是语文教学的主体，是更重要的。其中识字的境遇要稍微好一些，还常常被教师以检查的方式提及，至于写字，是没有太多机会享受到教师的青睐的。因此，许多学生识字能力不强，尤其是写字不尽如人意也就不足为怪了。再看我们视为重点的阅读教学，其实也没有取得令人满意的结果。本来阅读是学生的个性化行为，阅读教学是学生、教师、教科书编者以及文本之间对话的过程，可是教师显然更看重的是自身经验以及凭借教学参考书所得到的对文本内容与思想的感情，常常不由自主地以自己的讲解分析代替学生的阅读实践。因此，学生在课堂上所要做的就是被动地去感悟教师对文本或深或浅的感悟。至于学生自己用心读书、识字、写字以及语言学习运用、语文方法习得、语文学习习惯养成则要统统服从并服务于教师按照既定方案所进行的对文本思想内容的感悟及其说教过程之中。常常一节课下来，学生竟不需要动一下手，以至于写写字也成了课堂语文学习的"奢侈品"。表面上看，一篇篇课文我们都从容地教了过去，但实际上学生是否通过阅读学会了阅读，通过学习生成了最基本的听说读写、观察思考等语文知识、语文方法和能力，却很难说得清楚、道得明白。所以，尽管学生上了无数阅读课，经历了一个又一个课堂40分钟，可仍旧说不了得体的话，写不了漂亮的字，作不了文从字顺的文，更不要说有过硬的语文综合实践能力了。于是看来，语文课程的实施离不得吟风弄月，离不得寂寥悲秋，但最要紧的还是要从基础抓起，强渡基才能固本。根基牢靠了，才能更好地开花结果，长成枝繁叶茂的参天大树。

（4）从人的终身学习来说，语文课程要教学生一生发展有用的东西。什么为人一生发展有用的东西，就语文课程而言，首先应该是语言文字运用能力，是语文课程的独当之任。这个任务完成得怎么样，不仅影响和决定着语文课程的最终质量，也将直接影响和决定着一个人今后的生存与发展状态。因为语言文字是人类最重要的交际工具和信息载体，掌握了这个交际工作，使用好了这个信息载体，才能从容应对学习、生活和工作中的种种挑战，才能创造性地解决好生存与发展过程中面对的困惑和问题。"我思，故我在。"一个人一辈子可能会躲开许多的东西，唯一躲不开的就是语言文字。因此，我们能给学生什么层次的语文运用能力，亦即给了他什么样的人生际遇。其次，应该是一个人的良好个性、健全人格和正确的世界观、人生观与价值观，与其他课程相比，语文课程在落实立德树人目标方面具有得天独厚的优势——因为语文课程蕴含了极为丰富的人文因素，而这样的人文因素对一个人的精神影响是长久而深远的。唯其如此，一个人学习语文的过程就是吸收古今中外修养的过程，促进自身精神成长的过程。在此过程中他知道了什么是真、什么是美、什么是善，学会了怎样做事，怎样做人，个性得以完善、人格得以健全、生命得以拔节，生发出创造世界的无限的力量。这正是语文课程独特的责任与使命所在。最后，应该是一个人不断求知的精神与力量。语文是基础课程，学好语文是学好其他课程、实现终身学习的前提和保证。就一个人的学习而言，学校学习只是其中的一个组成部分，除去这个部分之外，更多的学习在今后的工作与生活中，因此终身学习成为对每个人生存发展的必然要求。这个要求最终能否实现，作为工具的语文学科素养、语文运用能力、语文知识方法起着极为关键的作用。所以，好的语文教育不仅要考虑学生的当下，还要考虑学生的一生，要为一个人的一生发展奠基。

二

语文课程长期以来，由于投入与产出不成比例，因而受到人的诟病。特别是中高考期间，人们期望母语课程教育质量更高一些的呼声尤为迫切，呼唤语文课程改革效果明显一些的意愿更为强烈。便是高考的作文试题，虽经过许多专家精心雕琢，仍不免要有人非议。语文到底怎么了？语文的问题到底出在哪？为什么我们的辛勤播种，收获的却是学子的厌弃、家长的愤怒以及社会的不满？这的确是件让人伤脑筋的事。但细细想来，在以下一些方面我们真还有些问题：

（1）重"教"轻"养"。"全面提高学生的语文素养"是语文课程的基本理念，也是语文课程的重要目标。但在语文课程的实施中，我们往往重视的是怎么"教"，至于"养"却常常被忽视。表现为重课内轻课外、重书本轻实践。对于语文的教和学来说，教师所重视的是书本知识的教，学生所投入的是书本知识的学，对于书本之外的读书实践、语言体验则多以各种名目繁多的练习代替。学生少了语文生活实践的滋养，自然营养不良。教师虽然用尽浑身解数，学生的素养提高却难有起色。因为，学生的语文素养不是靠教师苦口婆心教出来的，而是靠丰富的语言实践养出来的。"素养"的"养"，是"十年磨一剑"，必须经过相当长的时间累积，才能指望有所成效。就像我们侍弄庄稼，是急不得的。需要顺应农时，什么时候下种，什么时候浇水，什么时候翻地、除草，都有具体的要求，经过春种、夏锄，才可能见到秋收。倘若时日不足，恐怕再好的种子也难以有好的收成。"素养"是"随风潜入夜，润物细无声"，必须遵循规律，循序渐进，才能期待养成。养成的过程，既是一个长时间训练的过程，也是一个伴随着生命成长逐渐发展的过程。这个过程可能不仅有风花雪月，也可能有进退维谷；可能有吟风弄月的雅，也可能有败走麦城的痛。因为养得久了，才一天天有了能力，也因为养得久了，才知道白并不一定就是一种颜色，黑并不就是没有光亮。才慢慢知道唐诗、宋词、明清小说，领悟出语言运用的规律与秘密。古人云，"读书破万卷，下笔如有神"。如此看来，学生的语文素养不足，恐怕主要是"养"的不够。

（2）重"学"轻"用"。语言文字作为交流沟通的工作，天生就是要拿来用的。惟因为用，才慢慢知晓用的法度，用的规律，什么时候该用什么，怎么用。倘若不用的话，学了也不能解决什么问题。譬如，许多人学了英语，论考试成绩往往不错，可是一到张口说话，就不免要碰壁。盖因为平时的历练不够——少有使用的机会，自然不能纯熟。不仅不能纯熟，有时甚至会生出畏惧。乃至最后忘记，弃之不用。有些人学的英文虽然还没有全部忘记，甚至英文书报都还能够看得懂，可是与人英语对话，也免不了要面红耳赤、吭吭哧哧。与此正好相反。出生不久的孩子，在其开始学习说话的时候，并不懂什么语言，更不知什么是语法。只是因为听多了，模仿多了，逐渐熟悉，于是开始呀呀言语。这时，常和孩子说话的，比方说是孩子的母亲，并没有给孩子什么语言的知识，更没有进行什么语言分析，而只是想着法子和孩子说话，孩子也努力地进行模仿与回应。这样一来二去，日久天长，孩子说的话却越来越有了样子。及至孩子上了学，开始接受系统的学习，先是识字，字还识得不多，就要拿过来翻上一番，懂不懂得都要看上一看。可就是这样，在不知不觉之中，语言文字的能力逐渐提高了起来。我们的学生，学的是母语，应该说用的机会足够多，几乎无时无刻不在用。按理说，语言文字的运用应该是有基础的，可事实又怎样呢？我们且不说要写，只从读来说，据调查，"2011年，中国人均读书4.3本，比韩国的11本、法国的20本、日本的40本、犹太人的64本少得多"，我国已经成为"世界上年人均读书量最少的国家之一"。这些数字是枯燥的，恐怕也不是十分准确的。但我们是否能从中看出重学轻用的端倪呢？

（3）重"知"轻"能"。语言文字的运用是一项技能，技能的形成需要长期的严格技能，技能的形成需要长期的严格训练。例如，写字的能力，每个人并不是先天就会，而是后天训练所致。汉字数量繁多，字形复杂。硬笔写好已属不易，软笔书写更是难上加难。读帖，讲究意在笔先，要细观笔画之呼应穿插，明察运笔之轻重缓急；临帖，要情注笔下，胸中有形意，落笔见精神；练字，要凝神聚气，运用全部心智，不避酷暑严寒，不畏日久年长，提笔就是练字时。用台湾书法家长炳煌先生的话说："一日不提笔自己知道；两日不提笔同行知道，三日不提笔连外行人也能瞧出来。"会写汉字的人很多，但真正写得好的人确属凤毛麟角。为什么我们的学生几乎天天要写字，可就写不好字呢？原因其实并不复杂——我们写字只是运用这种符号记录某个知识要点、作业要求或完成某种规定需要动笔的任务，其意并不在练字本身。所以，写字虽然不少，练字却不在其列。同样的道理，语文课上，学生整日都在进行听说读写的活动，但是由于语文课程评价一向考查的只是学生必须用笔作答的内容，所以在应试的氛围之下，听和说的能力培养自然就得不到重视，发展也就少了后劲。据此情形，读写的能力本应该得到加强的，但是由于考试的内容鲜有探究性，而多的是对规定的内容、语文知识的考查，所以知识的掌握无疑又占了先机。写作本来是最富有创造性的一项语言实践活动，可是由于考试评价的原因，要想有所建树实在不易，于是作文兴趣大减，代之以对"优秀作文"的记诵、模仿。无形之中写的能力训练也受到了伤害。如此一来，我们再细细掂量这语文的听说读写能力，如何能够修得正果？

（4）重"理"轻"文"。语文课程不仅有语言和文字，还有文学和文化，更有丰富的人文内涵。正因为如此，语文的味道里常常会透露出政治的、历史的乃至更多的教育的气息。这当然也没什么错。问题是我们的许多语文课堂已经被太多的道德说教所包裹：言情则必画爱心之形象，说理则必演绎崇高之主张，或附之以歌，或辅之以诗，费尽周折为的就是教育学生，独不见语言文字的学习运用。所以，当学生走出课堂时，留在头脑中的常常是教师竭力宣讲的道，而非精彩的故事情节、生动的人物形象、别具一格的语言表达。这种重"理性教育"轻"文化熏陶"，只见道不见文的语文课程如何能提升学生学习语言文字运用的乐趣，如何能在丰富多彩的语言实践活动中收获精神成长的智慧？如何能使人有"先天下之忧而忧，后天下之乐而乐"的志向，有"安得广厦千万间，大庇天下寒士俱欢颜"的胸襟，有"达则兼济天下，穷则独善其身"的文人秉性，有"为了免除下一代的苦难，我愿把牢底坐穿"的爱国豪情……所以，对话五千年中华文明，仍不能知仁、有义、明礼、立信、生智；学习世界优秀文化，仍难解和而不同、兼收并蓄、科学精神、公平正义……自然，也就滋养不出大气、包容、儒雅的文化气质，自觉的社会意识，创新的精神与实践能力。《大学》有言："欲平天下者必先治齐国，欲治国者必先齐其家，欲齐家者必先修其身，欲修身者必先正其心，欲正其心者，先诚其意，诚意之后再去格物致和。"看来，要想修身治国天下，总少不得文化的深度浸润。

三

语文课堂教学改革经过几十年的艰苦探索，日渐变得深刻。特别是始于2001年的第八次课程改革，给语文课堂教学改革注入了前所未有的生机与活力，2011年版语文课程标准学习贯彻更把这种改革向前推动了一步。但总体而言，语文教学投入时间多，效率难尽人意的局面还没有根本改变。迫切呼唤语文课堂教学的深度改革，以全面提升质量与效益。为此，我们是否可以从以下一些方面做点努力：

（1）突出语文课程的核心目标——学习语言文字的运用。2011年版语文课程标准首次明确提出语文课程是一门学习语言文字运用的综合性、实践性课程。其中"学习语言文字运用"既为我们指明了语文课程实施的核心目标，又为我们提供了语文课程实施的方法与途径。因此语文课堂教学要紧紧围绕语文课程的目标，从学习语言文字运用入手进行。第一，我们要明白语文的学习不仅是语言，也不仅是文字，而是语言文字的运用。第二，我们还要明白，语言文字的学习运用应依托大量典范性语言作品的学习，通过学习这些作品，把握语言文字运用的规律，习得语言文字运用的方法，增长语言文字运用的能力。第三，语文课程是实践性课程，应着力于培养学生的语文实践能力，而培养这种能力的主要途径也应是语文实践。因此，语文课程的实施要更多地强调学生的多读多写，更多地强调改变空洞的说教和烦琐的机械训练，更多地强调通过课程的整合，努力加强听说读写的内在联系，在综合性的、生活化的语文实践中培养学生的语用意识、识用能力。特别是在当前课程标准已修订完成，而教材还没有做出相应变动的情况下，要按照课标的新要求对现有教材进行重新审视和创造性使用，以使其更加贴近课标的要求，突出和加强语言文字的学习运用。例如，学习《生命生命》，为的不仅在感悟对生命的敬畏，对生命过程的重视和对生命价值的追求，还为的学习怎样通过典型的事例把道理讲清楚，并取得感人的效果，从而以读促写。

（2）提高语文课程实施的实效——从"教课文"到"教语文"。教课文是以课文的学习作为目的，而教语文则以学习语文为最终归宿。前者的目的在课文本身，以文本内容的深钻细研为基本手段，以领悟文本的思想内容为主要目标，以读懂单一的文本作为价值取向。学生经过课文的学习，所获得的多是对课文的理解与感悟。后者的目的在于语文课程，它以文本作为范例，以语言文字的实践作为手段，以知识的迁移、运用作为价值取向。所以，前者，学生读懂的，收获的是一篇篇彼此孤立的点状的课文；后者，学生读懂的，收获的则是语文学习的方法、语言文字运用的能力以及一个网状的语文。举例来说，同样是教学《鲸》一课。如果从教课文的角度出发，学生在学习过程中，要着力解决的是了解鲸的大小、种类、生活习性，辨析鲸属不属于鱼类，从而完成对这一内容的学习。倘若从教语文的角度出发，学生要着力探究的是说明文的阅读方法，怎样抓住作者描述的要点、说明的顺序、说明的方法以及那些有生命力的语言，并通过这一课的学习学到说明一个事物的基本方法。显然，两者是有着明显的区别的。过去，我们过多地专

第二篇 论文精选

注于一篇篇点状的课文，所以语文也就停留在了对这一个个点的认知。但是，语文更应该是网状的，甚至是立体的，它不仅需要点的承载，还需要线的连接以及面的支撑。这样语文才能既见到树木，亦见以森林；既得到课文，更得到语文。

（3）体现学习方式的变革与创新——自主、合作与探究。新课标强调学习方式的变革，倡导自主、合作、探究的学习方式，希望通过课堂学习方式的变革转变人才培养的模式，培养学生的创新精神和实践能力。就当下语文课堂教学来说，就是要改变教师设计过于绵密，包办过多，学生亦步亦趋的现象。要鼓励学生运用已有的知识和经验，主动建构和发现知识，引导学生主动提出问题，大胆质疑求证。培养学生独立思考的精神，勇于探索的勇气。事实上，读书本来就是学生的事，学生也是通过读书会读书的。对于学生而言，多数内容完全能够自己读懂，即使是遇到暂时未解，也多可以通过进一步思考、同学的交流或查阅相关资料解决。因此，作为教师，一定要更多地相信学生，依靠学生。要积极为学生的自主建构创造条件，为学生的合作探究搭建平台。即使发现学生学有所困，也不要轻易采取告诉的方式给出答案。只有减少教师的教，才能成就学生的学。教育的境界在于教师千方百计少教，而学生想方设法多学；教师教的逐渐减少，学生学的日渐增多。乃至于课堂常常因为教师暂时或有意的"空缺"，但却使学生获得了更好的发展。这应该是语文教学的新的探索。

（4）引发学生进一步学习的强烈欲望——让语文学习乐趣激发学生的内驱力。学习并不是一件只能在课堂上才发生的事情。而要使学生全身心投入到语文学习的过程之中，并能够在课内外都保持旺盛的精力，就必须不遗余力地培养学生的兴趣。这种兴趣不仅建立在知道语文学习的乐趣在什么地方，怎样才能找到并获得这种乐趣，更建立在这种语文学习乐趣的持续寻找和不断创造上。任何人喜欢某一项事情，总要有一定的理由。但要使他能够沉浸其中而不受其他因素干扰，那一定是他从中享受到了有别于他人的、不一样的乐趣，这种乐趣在他看来是那样的美妙，以至于除了这个之外，没有任何东西可以替代。一个语文教师的成功与否，最重要的不是看其有板有眼地教授了学生多少语文的知识，而是要看通过他的引导，是否使学生对语言文字产生了浓厚的兴趣。学生如果喜欢语文，自然就会积极参与语文学习实践活动；学生从中获得了成功体验，自然就会更加主动地投入；学生能充满期待地面对语文活动的挑战，自然就会全力以赴。如此，我们的语文学习才能逐步步入自由之境——像在空中花园漫步一样，目之所及，每一朵花都是那样娇艳，每一棵树都是那样美好，自由地穿行于曲折的林间小道，看溪水流淌，听禽鸟鸣唱……

真正让学生爱上你

苏霍姆林斯基说：没有爱，便没有教育！我喜欢这句话，于是变成了我的座右铭。

我从小有个梦想，以后长大了，当一名小学教师！师范毕业以后，我如愿以偿当上了在当时人人羡慕的教师。于是，我开始了我的教书生涯。我每天面对着可爱的孩子们，看着家长们的期盼，"责任"让我在工作中多了"用心"和"关爱"！我深知，教师的心理倾向、思想水平、人格魅力、知识渊博度、见识对孩子的发展有着不可估量的作用。

教师每天和孩子在一起的时间有时比父母和孩子在一起的时间长，所以自己的情感、行为、意志很容易感染和熏陶学生，所以教师的一言一行、一举一动能潜移默化影响学生。有着阳光心态的教师，所带出来的学生就更多了积极的、向善的性格，反之，学生会变得好斗、不合群、自私，"身教胜于言教"就是这个道理。我经常从正面去引导学生。例如，参加集体活动，当我们班输了，我就对学生说"胜败乃兵家常事"，找出失败的原因，鼓励他们下次争取胜利，不要去埋怨裁判的不公，更不要去投机取巧，这样的教育不会让学生走向歧途。

教师的思想水平对学生有着深刻的影响。教师对工作的热爱、自信、爱心、信心、责任感、感恩之心、高尚的修养等等，最容易获得学生的认可，直接影响着学生的人生观、价值观，教师的敬业精神、抗挫折能力，都会以无声或有声言语去感染学生。例如，孩子们看到我所做的一切，若有所思的、天真地对我说："老师，我长大了也要当老师！"女儿，也从我的身上看到了我当教师的快乐，居然也萌生了以后当教师的想法。

教师真的是个"杂家"，上知天文、下知地理、了解古今中外、把握时代脉搏，还要把抽象的事物讲生动、形象、具体，学生会被你的才华横溢、知识渊博所吸引，于是他就从心理上、情绪上接纳你，信任你，崇敬你，于是学习变成了一种快乐和享受，这就是"润物细无声"的道理。

教师要成为学生的榜样，教会学生学会创新、学会学习、学会生存，以自己的人格和学识潜移默化影响学生，真正诠释教书育人的含义，教师应该充满智慧。

智慧来自学习。教师的一言一行，对学生都会产生巨大的影响，所以，班主任对教育对象实施影响的同时，要不断地完善自己，必须不断地学习有关知识，在实践中总结经验，提高自身素质，严于律己，以身作则，在学生中树立一个实实在在的榜样。它山之石可以攻玉。许多教师都有切身的经验和感受。通过学习，我们可以掌握最新的教育理念，了解最新的教育技术和教育方法，使自己的教育视野更宽阔，教育办法更有效。班主任应该具有其独特的魅力，成为教育战线上的魅力形象大使。

智慧来自反思。孔子说"吾日三省吾身"。有一位先生说过："一个老师写一辈子教案，不一定能成为一个名师，但认真地写上两年或三年的教学反思，一定能成为名师。"也就是告诉我们，要有反思的习惯。每件事情做得成功与否，总结反思是非常重要的。面对七八岁的孩子，有时我常常为自己一句已经批评过学生的话，都要想好长时间，这样说孩子会伤心吗？下次我要好好回答孩子幼稚的问题，没有机会我要创造。一个内向的孩子居然在日记里告诉我——老师我喜欢你！……总结，可以为日后的工作提供可参考的经验做法；反思，则能使自己对自己的工作更清楚，哪里做得好，哪里做得不够，还有待改进，该如何改进，如何才能使工作更顺利进行。

反思，是教师专业成长的必备条件。反思有很重要的作用，如果一个教师从来都不进行教学反思，那么他就只能在原地踏步，永远也不会向前迈进哪怕一小步。反思，是改进的源泉。没有反思，哪来的改进策略？当反思成为我们的习惯后，相信，我们会在不断反思中进步，这样离优秀教师就越来越近了。

我们做教师的，要及时反思自己的教育行为，发现不足，及时予以改进；及时发现学生的情绪变化、不同的期待和渴望，及时找到最适合学生的教育方式和方法，就是一个有智慧的教师了，学生才会真正的喜欢你。我很喜欢苏霍姆林斯基说的话：没有爱，便没有教育！

做个爱读书的老师

最近读了《教育也可以很美》一书，对我触动很大。于是我有了许多疑问：我是不是一个理想的教师？我是不是一个勤于学习、不断充实自我的教师？我是不是一个富有创新精神的教师？

书中的第四专题《还原课堂教学本真的魅力——课堂教学生命之美》中所论述的观点，让我更坚定了自己的做法。书中已经明确告诉我们，要想做一名理想的教师，首先要有丰富的学识。以前崇尚教师有一桶水，现在随着各种新的课程标准的推行，教师应该是一条河流而且是一条奔腾不息的河流！唯其如此，才能让学生学有所获！否则，拿什么来教学生呢？这就要求教师必须要勤于读书，充实自我，使自己的知识海洋不断得到充盈，不会枯竭，才能源源不断地使自己充满活力。苏霍姆林斯基说过："教师获得教育素养的主要途径就是读书、读书、再读书。"

读书，是一个古老的话题，人人都知道读书的好处。虽说书籍不能改变世界，但读书可以改变人，而人是可以改变世界的。书——历史的见证、知识的宝库、智慧的结晶，是一个民族、一个国家精神文明的标志。读书有诸多益处：读书，可以开阔人的视野，让我们拒绝平庸；读书，可以改变人的气质，提升我们的教育境界；读书，可以优化人生层次，提高我们的生存质量；读书，可以启发人的思维，点燃思想的火花，让我们更加善于思考。更重要的是，读书为我们的教育教学滋养了底气和灵气，使我们睿智、深邃，站得高，看得远，并远离浮躁。

"胸藏文墨虚若谷，腹有诗书气自华。"教师的"气"缘于书香。良好的修养的形成，是离不开阅读的。书历来是古今圣贤修养身心，提高境界的重要途径。教师作为传道、授解、解惑的文化传承者和学生成长的引导者，更是与书结下了不解之缘。纵观那些名师大家无不是博览群书，勇于实践才有所建树。时至今日，岁月变迁，我们有必要重新思考，今天的教师为什么要读书？

首先，教师读书是教育事业发展的需要。显然，教师整天不读书却忙于教书，这不利于教师的专业发展，也是造成教师"职业倦怠"和"平庸化现象"的重要因素。所以，不少专家呼吁：教师要在读书中生存，要处在真正的"读书状态"。其次，教师读书是全民阅读的需要。全民阅读体现了一个民族的精神追求，体现了国民的生活品位。曾看到一篇《令人忧虑，不阅读的中国人》的网文，读后不禁汗颜，作者指出："中国是一个有着全世界最悠久阅读传统的国家，但现在的中国人似乎有些不耐烦坐下来安静地读一本书。"是的，社会像一个巨大的摩天轮，大家只顾着随之飞速旋转，无法停止对财富、功名的渴求，但内心越来越浮躁。最后，读书是教师自我实现的需要。常听到一些教师抱怨，现在的学生不好教了，现在的学生越来越难管了，言下之意是社会变了，学生变了，而从没有想一想自己是否变了，是否还记得从教之初的光荣梦想，是否还记得"学高为师，身正为范"的铮铮誓言，是否无微不至地关心过每一个孩子，是否精心设计了每一节课。

朱永新说过，一个人的精神发展史就是一个人的阅读史，读书不一定成就名师，但读书一定能促进教师实现专业成长，读书的教师内心一定是平和而幸福的。名师之所以成为名师，从一定程度上说，就是因为他们具有丰富而深厚的文化底蕴。有底蕴才有底气，有底气才有灵气。我一直这样认为，一个专业化的教师，首先应当是一个读书人。"问渠那得清如许？为有源头活水来"，教师的成长、教师的发展、教师的快乐，都可以从阅读中来。为推动全民阅读，形成"多读书、读好书"的风尚，教师首先要从"功利阅读"中走出来，注重提高自身的人文素养，养成良好的阅读习惯，起到示范和促进作用。在一定意义上说，读书就意味着教育，甚至是一种生存状态。教育需要经典的依托，古典让人厚重，前沿让人激越。教师要走专业化发展的道路，提升自己的精神境界，最重要的途径就是"读书"，通过研读教育理论专著，与教育家对话，更新教育观念，提高教育理论素养。每一项成功的教育改革都是建立在坚实的理论基础之上的，教师投身教育改革的实践，如果缺乏理论的指导，没有先进理论的滋养，没有几本教育经典和专业书籍打底子，就会停留在机械模仿上，就会在实践中丢失自我。

作为学习共同体的教师，读书应该是日常生活的组成部分，就像呼吸空气那样。有些人可能会说，"想读书学习但没有时间"。"没空读书，忙啊！"这是事实。平心而论，教师确实难有大量时间阅读，但是，"少量"还是挤得出来的，一天挤一小时，实在忙，挤半个小时，一日不多，十日许多，关键在于坚持。在科学技术发展的今天，手机几乎成了每一个人都离不开的工具，已经严重影响了一代人，随处可见低头族，试想：一个人如果少玩一个小时的手机，省下的时间读一点值得一读的书，一小时读10页，一个月读一本，积少成多、积小流成江海，于自己、于社会不都是有益的吗？作为一线教师，我们的读书学习，只好靠忙里偷闲，见缝插针。当我们被烦琐事务缠身时，一定要给自己留些读书与思考的空间；当我们低头拉车之际，一定要抬头看路仰望一下天空。学校是传播思想、陶冶情怀、养成个性的圣地，教师不读书何以有健康丰富的、生动活泼的心灵，如何跟学生进行高质量的交流？如何让孩子成为一个终身阅读者？如何能为了自己的理想而努力？教师如果因为忙，而不读书，以其昏昏，如何使人昭昭？

对一个教师而言，读书就是最好的备课。读书，每天不间断地读书，跟书籍结下终生的友谊，就是一种真正的备课。苏霍姆林斯基认为：读书不是为了应付明天的课，而是出自内心的需要和对知识的渴求。如果你想有更多的空闲时间，不至于把备课变成单调乏味的死抠教科书，那你就要读学术著作，这样你所教给学生的教科书里的那点基础知识，应当是沧海之一粟。对于教师而言，读书还有更重要的一点意义是，不读书的教师会沦为简单的劳动力。而一个简单的劳动力想要得到人们的尊重则是很难的。两千年来，我国社会最崇拜的人是教师，如孔子，孔子是名教师，更是教育家、思想家。他的那种"高山仰止，景行行止"的大家风范，皆令人叹服。而当代教师的地位为什么低下？不可回避的就是"经师"和"人师"的区别问题。只有真正的"人师"才是神圣的。

　　阅读，是人生的智慧的标志。为了弥补自己的不足，更为了教学与研究的需要，我们教师必须把读书当成人生的头等大事，刻苦学习，不断完善自己的知识结构，提升教育智慧，做一个真正的读书人。

大语文背景下的儿童阅读

　　"儿童阅读"一词并不是时尚的词语，但它是魅力无限的学问，也是成人能够献给儿童的最美妙的礼物。"得语文者得天下""新教材专治不读书的老师和不读书的孩子。"现在，虽然儿童阅读逐渐成为大家关注的一个话题。但是儿童阅读的作用远没有被人们认识和重视，儿童阅读的理念和方法也尚未得到普及，可是目前，儿童阅读还是更多地被认定为可以提高语文能力和获取知识的主要途径。

　　为什么要进行儿童阅读呢？阅读的内容也未必会考到，记住生字词语也可以考高分呀。其实，阅读，却远远不止于读书识字，完成一篇篇语文试卷上的阅读理解题。

　　《书语者》中如是说："我希望我的学生能像终身读者那样，体会到阅读的回报就是阅读本身。阅读犹如生命中的一门大学课程，拓展我们无数领域里的词汇和背景知识；阅读可以带我们穿越到离开书本就永远无法抵达的地方；阅读帮我们找到有着同样问题的朋友，他们能就如何解决这些问题给出建议；通过阅读，我们可以见证所有属于人类的高尚、美丽或冷酷；通过书中人物，我们学习如何待人处事；最重要的是，阅读是一种共享行为，它把你和其他读者联结在一起，你们志同道合，经历同样的旅程，同样的奇境，也同样因这些体验而改变。"

　　《欢欣岁月》中说："对于儿童来说，读到一本好书，是一种特殊的体验。愉快地享受了阅读经验的儿童在此过程中得以成长，而他个体的身份也注入了某些新的内容。现在的他将更容易接受心得理念与印象，这一切都将照亮他接下来的全新历程。他获得了某种持久永恒的东西，没有谁能将它夺走。""儿童在阅读中会经历不同的阶段，正如他们在生理上的成长一样。一个小孩也许会经过从起初读童话，到阅读关于知识性的书籍，再到对历史文学感兴趣这样的转变。但是，他永远也不会丧失从童话故事中获得的想象力。阅读有让他领略人类从过去到现在那条路途的漫长与遥远。让他对神秘的事物充满好奇与揣测，也将长久地停留在他的生命中。所有他心怀喜悦阅读过的书籍，都会成为他未来阅读的基础，它们会促使他萌生出一种想要阅读更多书的渴望与需求。"

阅读不满足于简单的认知，孩子喜欢听故事，在大人温暖的怀抱里想象着连续不断的生动画面；许多孩子在听故事中逐渐爱上阅读，不需要依赖成人，便能自己主动去认识世界、融入文化、找到自我。阅读不是让孩子拿起一本书读就行，这个过程阅读不是功利的，而是生活本身的。儿童阅读关乎的是儿童的成长。让学生爱上阅读，成为一个终身阅读者不是一件容易的事。

儿童阅读需要什么？我们既已知道拥有良好的阅读习惯是成为终身自主学习者的先决条件，阅读对孩子成长至关重要，那么阅读兴趣、习惯与能力如何培养起来？成人在其中应当扮演什么角色？

有能力的成人阅读者，现在成为阅读推广者，他们为孩子提供丰富的符合孩子兴趣和认知能力的藏书，同时把孩子视为成熟而可信任的读者，能指导他们如何有效地阅读，并随时提供必要的协助。——《打造儿童阅读环境》所讲的道理看似简单，但要把这些都做得尽善尽美，就不是那么容易了。

选书是阅读活动的开始。儿童选书的范围自然取决于他们手中能拥有什么书籍，这很大程度上要依赖于成年人。因此，成年人对儿童喜欢什么书，或者说儿童应该喜欢什么书等这些问题的错误理解，势必将阻碍他们培养儿童对书籍与阅读的热爱的初衷，成人都是以自己的角度或是喜好来推荐书的，你推荐的书孩子未必会喜欢。

保罗·阿扎尔在《书，儿童与成人》一书中提到了他心目中优秀的儿童阅读的书籍，这些原则也被世界儿童阅读推广人所推崇：

（1）忠于艺术本质的书籍。

（2）能够给予儿童热爱的画面的书籍。

（3）能够唤醒儿童敏感的心灵，但绝非泛滥感情的书籍。

（4）尊重游戏的尊严和价值的书籍。

（5）知识丰富的书籍，但绝非企图占据课间休息和娱乐时间，以所谓的在丝毫不费力气中就能学到知识为谎言和借口的书籍。

（6）向儿童讲述存在中最困难但又是最必需的知识，关于人类心灵的书籍。

（7）富有深刻道德感的书籍，但不是那些无需亲身经历，无需任何努力，由最强大的人群来决定其形式模样的道德准则。

（8）努力让真理永远存在下去，并且不断推动激发着人们内心生活的书籍。

如果你认为上述选书理念或显抽象和宽泛，也可从以下几个方面入手：

（1）优秀出版社及童书品牌：中国少年儿童出版社、二十一世纪出版社、海豚出版社、新蕾出版社等。

（2）绘本大奖系列：凯迪克绘本大奖、格林纳威大奖、国际安徒生大奖、纽伯瑞奖、信谊文学奖、丰子恺儿童图画书奖等。

（3）知名作者、译者：任溶溶、梅子涵、曹文轩、郑渊洁、杨红樱等。

（4）阅读推广人/组织的推荐：阿甲、方素珍、红泥巴读书俱乐部、点灯人教育、新阅读研究所等。

（5）经典工具书中的推荐：《世界图画书阅读与经典》《朗读手册》《图画书该怎样读》《让孩子着迷的101本书》等。

一、儿童阅读的反应

每个人都是读者，也有不同类型的小读者，我们需要用不同的策略来激发他们的阅读兴趣，特别是刚开始阅读的孩子。他们是发展型读者：他们并不一定排斥阅读，只是认为自己也许永远不可能具备良好的阅读能力，对自己的阅读能力怀有自卑感，他们需要的是大量的独立阅读和清晰的阅读指导。另一类是休眠型读者：既无阅读兴趣，也无阅读动力。他们需要的是大量的阅读时间、自主的阅读选择和重视自主阅读的课堂环境。

阅读时间的保证和充分自主的阅读选择是让孩子发现阅读乐趣的基础。读到这里的你或许郁闷了：怎能说没有充足的阅读时间呢，可孩子根本不喜欢把时间花在阅读上呀！怎么可以让小孩子自己选择读物呢，如果他都只看那些没营养甚至有害的图书岂不更糟？可试想，如果孩子在学校只是不断上课学习新知识，回到家里则是埋头做作业，哪里有探索阅读世界的时间呢？如果家长在家总是低头刷手机，孩子怎会主动去书山中寻宝呢？老师课堂上只讲授书本知识，从不分享自己的阅读心得，孩子又怎能体会到书海泛舟为乐事而非苦旅？如果你从不知道孩子平时喜欢观察什么、讨论什么，你要如何让他爱上阅读呢，以及引导其阅读？有的孩子动作很慢，每天除了完成家庭作业就基本没时间阅读了，就算读也是在临睡前几分钟，已经很困了，刚拿起书就睡着了，这叫阅读吗？所以，这需要学校和家庭的共同努力，教师的引导，家长的陪伴，阅读的成效在于对阅读的重视和对孩子的耐心与信任。

二、在校园

（1）语文课应提供固定的课堂阅读时间。并不需要太多，每次15分钟，把热身练习时间变为阅读时间，或许更容易让孩子进入课堂状态，如果可以，就不打断孩子的阅读兴趣，一直让孩子看个够，教学任务可以找时间完成也未不可。

（2）开展的阅读课程或有计划的阅读活动。各科教师和语文教师共同筹划与制定策略，让阅读更丰富多元化，让各学科的教师也一起参与到阅读中，最好也有5分钟左右的阅读活动。无论是课堂上还是课间，试着分享自己从阅读中获得的乐趣或吐槽那些"读不下去的书"，相信孩子们都十分有兴趣去看一看，言传身教。

三、在家里

（1）和孩子共享阅读的好时光。每天在孩子睡觉前把你精心挑选的、孩子可能会感兴趣的书读给他听，哪怕是15分钟，你会发现收获的可不单是孩子阅读兴趣的增长，更是增进了亲子之间的情感。有自主阅读能力的孩子，那么睡前或是星期天午后，静静地阅读，在一个安静的阅读环境中，你们可以各读各的书，那是真正的"此时无声胜有声"。

（2）要了解和观察孩子。发现孩子的兴趣点，如喜爱车辆的小男孩，喜欢昆虫世界的女孩，喜欢科幻的男孩，喜欢历史的女孩，你就可以购买有关这方面的书，让他进一步探索，和他一同发现未知的奥妙。

（3）鼓励孩子阅读，并和他谈阅读的感受。如果你经常因为孩子学习有进步、考高分、表现好，带他到麦当劳吃大餐；那么你可以试试带孩子到书店去，让他购买他喜欢的图书，或是在那里静静地看书。在他阅读的时候，给他尽可能多的鼓励，经常和他交流你和他共读一本书以后的感受。

选择、阅读、反应三个要素形成闭环，而"有能力的成人阅读者"这是置于中间的最关键要素。一个不爱读书的教师会培养出爱读书的学生吗？所以，当你在想如何让孩子爱上阅读之前，自己先成为终身阅读者是首要条件，一个不阅读的家长是不可能培养出一个爱阅读的孩子的。我们在培养孩子阅读兴趣初期，不要忽略孩子的感受。父母爱看电视，孩子能自觉看书吗？最重要的首先就是家长平时对孩子的影响。孩子最初接触到的、看到的、学到的，一定是从家长身上传递来的，在孩子的印象里，父母经常做的事情，一定是非常有意思的事，故此，想让孩子爱上书，请你一定先要表现出来对书的迷恋。另外，阅读的环境和氛围很重要，在一种开心、快乐的氛围中阅读，感觉是不一样的。不要习惯性的按自己的思维去带孩子完成任务，那样孩子会痛苦、抵触，结果就是你也会非常痛苦，你在教育孩子时感到痛苦的事，就说明你的教育方法不对。家长和书划上等号，这是最重要的第一步。

四、具体做法

（一）帮助孩子发展阅读的认知能力

在认知能力发展的过程中，从幼年开始阅读被证明是非常有帮助的。认知能力的发展是思考能力和理解能力的初始阶段，它是从童年到青春期到成年，包括记忆、解决问题和决策在内的思维过程的搭建。

当你开始给孩子讲故事时，这件事本质上是为孩子们提供了关于世界的背景知识，这有助于孩子理解他们所看到的、听到的和读到的。因此，家长给孩子读故事的次数越多，他们的词汇量就会增长得越多，他们就会对这个世界及其所处的位置有更多的了解和理解，这有助于他们的认知发展和感知，他们也就越来越爱阅读，对阅读充满了兴趣。事实上，许多教育专家和育儿研究人员认为，"围绕童话故事的谈话赋予阅读力量，帮助孩子们在故事中和他们自己的生活之间架起桥梁"，这些桥梁不仅仅是表现在词语的发音，在孩子的生活中引入阅读，以及由此引发的对话，还可以帮助他们更好地理解自己的生活，尤其是在孩子还小的时候。

（二）努力提高语言技能

从孩子婴儿期开始，每天给孩子读故事，可以培养孩子学习语言和读写能力。这是因为，在孩子出生后的最初几个月里，给他们读故事会刺激他们的大脑，让他们理解语言的含义，帮助他们建立关键的语言能力、读写能力和社交能力。不要以为孩子听不懂，只要你读，时间久了，孩子就慢慢懂了，这需要一个过程，更需要家长的坚持。当一个孩子能够理解他周围听到的词汇和语言时，阅读则为孩子提供了另一个好处：它引入了书本的语言，这不同于日常生活中听到的语言。书中的语言更具有描述性，并倾向于使用更正式的语法结构。这将为孩子发展语言技能提供重要的指导和帮助。

研究表明，在孩子的语言世界中，更多的单词和词汇，将加强孩子的语言技能，当孩子的年龄越大时，他们就越能够阅读，越能够读得更好，越读越爱读，越读越聪明，就越有可能成为学校中的好学生。虽然孩子们在小学及以后的日子里会接触到这些技能，但家长们可以通过在孩子幼儿期甚至婴儿期或者更早的阶段给孩子读故事来培养孩子阅读习惯，孩子将受益终身。

（三）为孩子提供一个培养情感时间

当谈到育儿教育时，你能做的最重要的事情之一就是积极地影响孩子的成长发展，花时间陪伴他们，和他们一起做某件事情，给他们读某个故事等。其中给孩子读书则给家长们提供了一个很好的机会来建立一个定期的，更有互动的亲子项目，在这个项目中你可以和孩子一起度过时光，孩子会信任你并期待你在他们身边。

给孩子读故事是最好的陪伴，不仅能帮助家长们建立稳定的亲子关系，还能给孩子一种亲密感和幸福感。这种亲密的感觉会让孩子感觉离你更近，这种爱和关注的感觉会让孩子积极的健康成长和发展。特别是对婴儿来说，虽然他们可能听不懂你给他们读的时候你在说什么，但给孩子读故事可以在一定程度上提供对孩子的安慰，因为有父母陪伴在左右。刚出生的婴儿喜欢听到母亲熟悉的声音，同样这种声音被用来讲故事，或者是爸爸的声音等都可以提供给孩子的安全感，读故事是建立这种联系的最佳途径。和孩子一起大声朗读，共同讲故事，可以让你和孩子有话可谈，久而久之，这反过来又有助于将来孩子的阅读和写作技能的发展。从本质上讲，文学是帮助孩子理解事物的最好方式之一，而孩子不必亲自去体验，其力亲为。给孩子读故事就有助于让他们接触各种主题和概念，帮助孩子理解人性和他们周围的世界，树立正确的价值观和人生观。

（四）有助于提高孩子专注力和纪律性

在孩子的课程表中加入有规律的阅读时间，除了其他活动时间外，还有另一个好处：增加孩子的纪律性和专注力。幼年期的孩子很少长时间坐着不动，家长通常很难让他们集中注意力。但是，当你给孩子定期阅读时，你可能会开始注意到孩子行为上的变化。孩子一开始可能会这儿看看、哪儿看看，心不在焉，在讲故事的时候会走神，但最终他们都会学会在听故事的时候全神贯注集中精神。阅读会让孩子变得"有更强的自制力，更长的注意力持续时间，以及更好的记忆力，所有这些都将在孩子入学前对她有益。"这一现象在刚入学时的孩子身上表现得更明显。有阅读基础的孩子，能听懂教师的表达，学习起来也不吃力，会学、爱学，更有学习积极主动性，更能体会到学习的乐趣。

（五）提高孩子的想象力和创造力

上天赐予儿童丰富的想象力，他们天生就有运用想象力的能力。但是这一想象力还得培养，从书中就可以得到。给孩子讲故事可以帮助他们运用他们的想象力去探索超越他们自身经历的人、地方、时间和事件，有想象的参照物，古语云"书中自有颜如玉，书中自有黄金屋"，阅读作为一种富有想象力的活动，可以为孩子打开通往各种新世界的大门。一个不读书的孩子，爱看电视的孩子，语言受阻，不会思考，更不会有丰富的想象力，思想停滞不前。

（六）培养终身阅读的习惯

阅读是学习能力的关键，如果能从小就培养孩子对阅读的热爱，那么孩子将从阅读这项技能中终身受益。任何一个科目都要靠阅读来完成，不学会阅读，理解能力、思维能力培养无从谈起，这些能力不是靠做练习来培养的。培养孩子的阅读习惯将帮助孩子更好地学习各项技能，更快速地掌握各项技能，轻松学习。

五、阅读到底有多重要

简单来说，幼儿园、小学阶段主要靠机械记忆，思想单纯，要记忆的东西不多，我们都认为，孩子小时候的记忆力更好就这个原因。而越后期随着知识结构的复杂，单纯的机械记忆就难以满足需求了，需要理解记忆，而阅读量的大小则是对理解能力最直接的影响。

2014年北京市教育委员会发布的《北京市中小学语文学科教学改进意见》提出，中、高考语文试卷中增大古诗文、现代文阅读量，增加优秀传统文化。随着"母语复兴时代"地来到，阅读在孩子的能力培养、习惯养成以及未来竞争中扮演越来越关键的角色，不养成阅读习惯，不大量阅读，绝对考不出好成绩。

（一）早期的阅读决定着学习能力

儿童各项能力的发展黄金期，其中最为重要的就是学习能力的发展，而让所有人梦寐以求的学习能力，却可以通过阅读能力的培养而开发90%甚至更多。但是阅读能力，需要两个条件才能发展起来：第一是持续性和连贯性，即阅读习惯的培养，要每天有固定阅读时间，而不可以喜欢就读读，不喜欢就不读了，这样不会有好习惯的养成；第二是阅读量的累计，一般幼儿一年的阅读量要达到50～100万字才可以使这种能力萌芽！6～12岁，是阅读能力（即学习能力的基础）发展的最黄金时期，这6年，可以说，什么都没有海量阅读、大大提高阅读能力的发展更为重要。小学阶段的阅读应该是在于宽度不应在于深度，各方面的领域都应该猎取。一个孩子的聪明才智，如同种子，需要条件才可以发芽生长，这个条件就是海量阅读。

小学时期阅读是开发孩子天赋的保证，如果一个孩子从没有读过一本好的书，而是把大量时间都投入到学校课本和大量作业里去了，那么这个孩子的天赋聪明就被抹杀了。6～12岁小学阶段的孩子，不可以把主要精力都投入到课本和作业里，是因为小学课本的单一性和肤浅性远远不能满足一个孩子大脑成长的需求。只有博览群书、海量阅读古今中外的经典名著，广泛涉猎百科常识书籍（如天文、地理、历史、物理、化学、生物、哲学、艺术等等百科知识），才可以让孩子的智慧不断成长，最终形成一种强大的发展能力。孩子本已经全天在学校跟着教师听课、做题，晚上还要加班完成大量的作业，这样的时间和精力投入，如同大海捞针，实在得不偿失。我们积极开展读书分享活动，只要去读就会受益，也许只是肤浅的阅读分享，但是坚持去做这件事，一定会有好结果。

"读万卷书，行万里路"，遍读名著如同满山种树，最后收获的是一片森林，其效果远高于大海捞针，即便捞到了也只是一根针，千万不要因小失大，只看到眼前的利益，更不要有功利心，要高瞻远瞩，面向未来。

我们常说，小学阶段成绩具有很大的欺骗性和虚假性，这的确是真的，因为孩子把全部时间都投入到课本和作业里去了，自然就没有时间大量读书，而这如同丢了西瓜捡芝麻。这样的投入即便考了高分哪怕是满分，对孩子的未来而言都是一种巨大的损失。我就有过这样一个学生，小学因为刷题，成绩还不错，但是没有培养出良好的阅读习惯，到了初中学习成绩一落千丈，真是得不偿失。

（二）未来高度是由阅读能力决定的

那些小学阶段成绩平平，但博览群书、见多识广的孩子成绩上升力量强大、后发制人、潜力无穷。而那些靠投入全部时间和精力夺来高分的孩子，升入初中后成绩下降迅速，这些孩子越学越累、越学越不会学了；高中这种情况更为严重，高考那么多人失败，进入社会后，当需要工作能力而并非成绩单来评定一个人的发展时，这种分化就更是到了不可挽回的程度了。

很多家长在孩子小学阶段很看重孩子的成绩，甚至被教师每天都在强调的分数所迷惑，舍不得孩子花更多的时间去读书和玩，更不允许孩子看课本以外的书，认为是浪费时间。可是，当孩子如同小苗一般营养不良而缺乏成长力量，到了中学阶段前进乏力时，家长只会抱怨孩子如何如何，却不知道正是自己一手造成了孩子的"短命高分"和"智慧营养不良"，这就是真正输在起跑线上了。做父母的为了孩子的长久发展和未来更大的成长力量，请不要过分在意孩子小学阶段的成绩，把目标放在孩子的基础发展和能力、习惯培养上，才真正事半功倍，让孩子受益终生。让孩子从容一些，不要追求分数的高低，要更看重为孩子后来的成长做好充足的准备——阅读能力和阅读习惯。如同花朵，小学阶段是植株成长刚打花苞，打基础阶段；初中是含苞待放，努力发展阶段；高中才是怒放的阶段，大学却是新的更高一轮回的成长过程。

很多家长的一种惯性思维就是通过讲故事，让孩子了解道理，或是想让孩子多认识些字，或是想让孩子多认识些拼音，这些想法是好的，但是，在孩子的兴趣还没有培养起来之前，这样做的结果，阅读兴趣被打断，在扼杀孩子的兴趣，识字要会找时机。我们明白，不要同时做很多事，什么都想做，就什么都做不好。但在对待孩子时，由于急着想让孩子学会很多，往往会有很多人忘记了这重要的一点，阅读不要有太强的功利心。请保护好孩子的兴趣，慢慢来，给孩子成长的时间，不要揠苗助长。

现今存在一个共性，孩子的学习成绩上不去这个问题，总会让家长焦虑。很多家长不惜花钱、花精力让孩子参加各种校外补习班，但效果却不一而足。有很多家长不敢放弃做练习的时间，让孩子大量阅读，因为阅读内容考试不一定会考到，孩子不做练习，考试肯定就考不了高分，那么多的知识没掌握，不反复练习怎么会记住呢？其原因在于，我们忽略了影响孩子学习，甚至可能影响孩子今后人生的重要环节——阅读及其能力，更忽略了语文学习的根是阅读。

（三）获取知识的主要途径是阅读

人们获得知识、学习知识，大多是通过阅读文献来实现的。学校教育也是如此，教师根据书本内容，通过适当的形式给学生传授知识，学生通过课本习得知识。即使是需要动手操作得到结论的实验，也是根据文本提供的方法、路径、步骤等指导下的验证知识的过程。哪怕是从事富有创造性的科学研究，也首先是建立在阅读大量文献的基础上的。人类社会自有文字以来，知识基本都是通过文字记载和传播的。可以说，阅读是人类了解、掌握、传播知识的重要途径。现代信息技术的发达，产生了多种传播媒体，使得人们可以通过纸质书本之外的其他途径获取知识。但是，这只是换了一种载体而已，阅读的本质没有被改变。可以说，缺乏阅读和阅读能力，会构成获取知识的障碍。

（四）学习能力的核心是阅读

具备和提高学习能力，首先必须提高阅读能力。现代社会是终身学习型社会，学习能力是今后每一个社会成员获得生存和发展空间的唯一途径，关系到每个人的前途和命运。这里所谓的学习能力，并不是指受教育者在学校课堂获得知识，并以考试成绩为衡量尺度的学业学习能力，而是指大学后的人生阶段，人们根据自己所从事的工作的需要以及职业生涯规划，通过自主学习获得新知、探索未知的能力。学校教育只是人生的一个阶段，课本知识也是有限的，在知识的更新日新月异的信息时代，人们不可能在求学阶段就掌握今后工作所需全部知识。知识不断地更新，你就得不断地学习，这就是所谓的终身学习，而终身学习的主要途径是阅读。如果不从小培养孩子的阅

第二篇　论文精选

读习惯，阅读能力就可能成为孩子今后成长的短板。可以说，没有阅读和阅读能力，就没有学习能力。学习能力需要从儿童阅读做起。

（五）学习其他学科的基础是阅读

阅读不仅是语文学科的学习内容和方法，其实也是学习其他学科的基础。绝大多数学科的学习内容都是通过文本形式呈现的，对文本内容的阅读和理解，是掌握学科知识的前提。一般情况下，阅读能力与学习效果呈正相关。以数学为例，现在从小学中低年级开始就出现了一定量的应用题，这是小学数学的难点，也是不少小学生的痛点，更是学生考试的失分点。究其原因，无外乎阅读能力和逻辑思维能力欠缺，所以很多校外机构开设以逻辑为基础的数学思维补习班，学生家长趋之若鹜。殊不知，语言是逻辑的物质外壳，语言能力，亦即阅读能力不过关，逻辑思维能力的提高就可能成为空中楼阁了，本末岂可倒置。可以说，阅读和阅读能力，会影响其他学科的学习效果。阅读能力需要从儿童阅读做起。

（六）综合素养的重要来源是阅读

阅读可以造就人，提升人的综合素养。阅读可以拓宽知识面，阅读可以开阔眼界，阅读可以认识世界，阅读可以修身养性。除了以上益处，对学生而言，阅读可以积累素材，阅读可以增强语感，阅读可以增进智力，阅读可以丰富阅历。很多家长对孩子的阅读理解和写作能力表示担忧，总感觉提高无方，殊不知，阅读本身就是阅读能力和写作能力的"活水"，如果离开了阅读，小渠那得清如许？很多家长让孩子参加各种补课学习，加上孩子本身的课业负担，根本没时间阅读，结果是，理解能力缺乏、思考能力弱化。孩子没有思想、没有想法、没有材料、没有参照，找不到重点、抓不住要点，提高阅读能力和写作能力当然成为无本之末了，更不要说综合素养的提高了，因为阅读对塑造孩子的人生观、世界观、价值观有着直接的影响。可以说，没有阅读和阅读能力，就会影响孩子健康的成长。

（七）阅读是一项必须培养的能力

阅读讲究技巧，它是一种能力，需要通过训练习得。很多家长不重视阅读的原因可能在于，他们认为汉语是母语，随着孩子识字的增加，慢慢就能自然而然地读懂文章，阅读能力也就自然而然会得到提高。其实这是一种错误的认识。文章不是文字的堆砌，不能认为认识文字就能读懂文章，就具备了阅读能力。阅读能力需要教师课堂上的培养、引导，家长的配合。

阅读的第一个层次是初读，即对文字符号的感知和辨识，就是看你是不是都认识作品里的文字，能不能把文章读通顺。

第二个层次是理解，在通读的基础上，理解作品所表达的意思，包括语句、段落、篇章的理解，作品结构和表现形式的理解，作者观点和思想的理解等。

第三个层次是速度，阅读速度是建立在前两个层次基础上的能力。一般来说，阅读量比较大的人，阅读速度会比较快，阅读量较少的人，阅读速度相对比较慢。这是因为阅读量比较大的人熟悉写作规律、语感把握比较准。阅读速度快，获取信息量比较大，学习的效率就比较高。阅读速度，是初高级阅读水平的分水岭，也就是说，阅读速度比较快，是阅读能力比较强或阅读水平比较高的一个标志。

第四个层次是鉴赏，是对阅读作品的欣赏和评价能力。在一定的阅读量基础上所形成的比较、体验、思考等能力，会使读者逐步养成对作品的鉴赏力，这也是阅读质量的标志。

第五个层次是评价，是对阅读材料的思想内容、表现形式、风格特征等做出评判。这一层次是阅读能力的理性飞跃标志。

第六个层次是活用，是指阅读的迁移能力。阅读的目的是把在阅读中学到的知识加以运用，这是理论联系实际，举一反三、学以致用的境界。

为了孩子的今天和明天，我们需要从小培养孩子的阅读意识和兴趣，让阅读伴随孩子的成长，使阅读成为孩子的一种生活方式。唯有阅读才能改变一切，才能决定孩子的终身发展，这一切都需要从儿童阅读开始。

第 三 篇

日 常 教 学

我的阅读故事

——为了梦想不改初心

2012年的春天，春暖花开之季，我到河南学习。在酒店的一隅，有一个大概只有10平方米的书屋，几个孩子正贪婪地埋头于各自的书中，全然不顾周围熙熙攘攘的人群，这一幕深深地烙印在了我的脑海里。我突然有一种想法，我也应该像《花婆婆》一样去做一件美好的事——让我的孩子们爱上阅读。这，就是我的初心。

我来自祖国西南边陲的小城——普洱。这里聚居着26个民族，其中有14个世居民族，少数民族人口占全市人口的61%。因为家乡得天独厚的条件，更因为国家的扶贫政策，这些年，乡亲们种茶、制茶、卖茶，日子渐渐地好起来了。可是，在重重大山之外，拉祜山乡民众的思想依然落后，他们看不到读书的希望；阿佤山寨里的农家里，更是很难搜寻到一本藏书。边疆山区老百姓的现状让我为之担忧——孩子们何时才能走出大山啊！

精神文明的落后意味着这个民族的落后，一个国家未来的花朵的落后就是这个国家的落后！一个国家的人民不爱读书，那么这个国家就缺乏精神文明，人民的精神空间是空虚的，这个国家就会落后！

教育中有一个现象：有的孩子小学的成绩很好，为何到了初中就成绩平平？那些爱看书的孩子，小学成绩也许不拔尖，但是到了初中、高中却能脱颖而出？原因就在于阅读。我是一个小学语文教师，我能做的就是让孩子们牢固掌握各学科的基础——学会阅读。10多年来我一直这样做。我坚信，阅读才是真正的教学，才是真正的教育，才是真正的精神成长！

　　我最早受益的一本书是美国崔利斯写的《朗读手册》，它对我的影响很大。多年来，我一直苦于找不到方法，找不到完整的体系，只能一边摸索一边带着孩子们读书。非常感谢和这本书相遇，书上说："大声读书给孩子们听""你读得越多，理解能力越好；理解能力越好，就越喜欢读，就读得越多；你读得越多，你知道得越多；你知道得越多，你就越聪明。"于是我带着我的孩子们上路了，踏上了阅读的美好旅程。

　　《朗读手册》改变了我的教学行为和教学理念，让我有了远见，让我看到了光明，像一座灯塔指引我向前。书中说："经常听大人读书的孩子具有丰富的声音、词句与生活的经验，因此当他们自己接触书时，自然驾轻就熟。阅读与背景知识互相滋养。词汇量越大，读起书来越容易理解；理解得越多，读得越多，词汇量越大。"

　　我实践着书里的方法。2015年春，我有幸被聘为普洱市思茅区校外活动中心的公益阅读课教师。我特别珍惜这份工作，因为我将有机会给孩子们读书，不止给我们班的孩子读，还可以给整个市区的孩子们读书。我期待每个周末赶快到来，课余时间用心准备要读的书目，哪些书适合大声读？哪些书孩子们会爱听？哪本最能引起孩子们的阅读兴趣？……我都要精心挑选。想方设法地找资料，如饥似渴地学习。有时购买，有时从网络下载资料，目的就是想传递给孩子们新的思想，让课外书打开孩子们的世界。后来，我又觉得大声读书，更适合低年级的孩子，高年级的孩子得找内容较深一点的读，不光要读，还要有所思考、有所交流，于是又对高年级学生如何开展整本书阅读进行探索。我们常说："光不停地读书，过后却不深入思考，绝大部分知识就会流失，不会在精神中扎根。"所以，每个周末，我都满心欢喜地赶到教室，开始一场又一场的读书活动，并引导孩子们进行思考、总结。

　　读书给孩子们听，是我最快乐的生活方式。兴趣班里，最小的孩子只有5岁，妈妈就让孩子跟着哥哥一起听我读书。就这样，孩子的阅读行为和其他孩子不一样了，学会了独处，学会了安静地看书。孩子们一边读、一边沉思的样子很让人欣慰。

第三篇　日常教学

低年级的孩子我就讲绘本故事，孩子们听得津津有味。有的孩子自从参加了我的阅读兴趣班后，从不会到会，从不爱到爱。孩子们的成长，让我感受到了对孩子来说，听书的魔力是何其大。每周的阅读课，孩子们雷打不动、一节不落，生怕错过了精彩。我为了提高讲故事的技巧和水平，还自费去省外学习"听张爸爸讲故事"，自己不断改进、总结、反思，是为了成为最会讲故事的老师。每当看到新绘本，看到专家推荐的书都会毫不吝啬、毫不犹豫地买。每当给孩子们读书的时候，我就觉得自己是一个无比富有的人！或许我没有精辟的理论知识、高深的见解、学富五车的渊博知识，但是我有一颗爱阅读的心，一颗爱孩子的心，一颗坚持的心。这件平凡而又意义非凡的事，让我觉得带着孩子们读书的确是一件无比美好的事。

2014年9月，我前往一所离缅甸只有一江之隔的乡村小学调研，全校只有80多名师生。因为孩子们离家较远，六七岁的孩子就得住校。晚上，我给他们读带去的绘本故事《爷爷一定有办法》，看着孩子们充满疑惑的眼神，我顿感困惑。原来不少佤族孩子到了10岁还不懂汉语，所以，听我讲故事似懂非懂，让我更加疑惑他们平时如何阅读和学习课文的？眼前的情景，让我对"知识改变命运"有了深刻的感悟！虽然我只是一名小学语文老师，但我一定要尽我所能，让孩子们明白读书才是去看世界的路，我要成为"点灯人"，成为"耕种者"，要把阅读的种子播撒到普洱茶乡的每一个角落。

几年来我一直在寻找一套系统的，既能让孩子们喜欢，又能适合课程教学的课外读物。功夫不负有心人，终于有一天，我和"亲近母语"结下了不解之缘。自从关注了"亲近母语"的微信公众号之后，每天期待、每天学习，她像灯塔一样指引我前进！温暖、亲切的"母语"，鼓励着我努力去做那个"点灯人"！《日有所诵》让我如获至宝。每天和孩子们一起诵读，让孩子们感受语言的魅力。这部神奇的《日有所诵》，孩子们一读就会，一听就懂。现在我们一年级7岁的孩子已经可以学着写诗了——"爸爸的爱像大海，我是小鱼，怎么也游不到岸；爸爸的爱像大山，我是树苗，怎么长也离不开他的怀抱；爸爸的爱像蓝天，我是小鸟，怎么飞也飞不到边。"虽然语言尚显稚嫩，但是情真意切！

在课堂上，我依然和孩子们一起读书。每天，我都在课堂上给孩子们一些自由读书的时间，让他们体会阅读的快乐。学习不仅仅只有抄写和听讲几种模式，阅读就是学习，阅读是灵魂和内心对话，是自己向自己学习。

边读书边思考、边思考、边推荐。2016年，我带领学校的语文教师进行国家级的课题研究——"小学生阅读习惯养成研究"，我也经常和老师们交流阅读的快乐。教师自己首先要是一个爱读书的教师，再带领孩子们大量阅读，你才能上出精彩的语文课。同时，根据孩子们的年龄特点和兴趣，推荐读如曹文轩、沈石溪、杨红樱等现代作家的书，经常开读书交流会，让孩子主动表达，互相交流阅读的感悟和乐趣。我们召开诗歌朗诵会，并通过上作文公开课等不同方式来探索阅读和习作的联系，不断总结经验。

阅读习惯的养成靠的是现实生活中的潜移默化。4月23日世界读书日中，我带领班级进行课本剧表演，通过感同身受的形式，加深知识的触碰。带领孩子们积极参加学校组织的一年一度的读书节活动，在经典诵读、汉字听写大赛、书香之家等活动中均获奖。我"送教下乡"，到边远的乡村小学给孩子们读书。2016年，在《儿童文学》举办的"全国寻找最有故事悦读班级"的活动中表现优异，荣获"悦读班级"称号。每月我都会推荐课外阅读书目，并开始尝试着让孩子们读名著，正因为之前孜孜不倦打下的阅读基础，即使是难啃的"大部头"，孩子们读着读着就有了兴趣。孩子们经常代表学校去参加各种读书比赛——我带着孩子们到普洱市新华书店参加"书香中国，文化普洱"大型公益读书活动，班里的彝族诗词小王子——肖熟悉，通过网络古诗词竞赛，成绩优异，脱颖而出，应邀参加湖南卫视《金鹰卡通》节目组《龙的传人》第一期节目录制，有幸成为云南省的唯一一个代表。孩子们还参加了教育部关工委组织的全国青少年"五好小公民"征文主题教育活动，获得全国二等奖三个，获得全国三等奖两个，我获得优秀指导奖。同月，我带着孩子们参加中国少年儿童新闻出版总社举办的全国"我的一本画册，奇思妙想DIY开启自然之旅"大型主题活动，获"爱动物小达人"的称号，有两个孩子获得了全国奖励。我再次有幸应邀参加普洱市思茅区青少年校外活动中心举办的"红色之旅"，到江西进行研学活动。年底，我们班和青少年活动中心的阅读班一起在普洱市图书馆开展了"美文浸润心灵，诵读丰盈童年""我是小小朗读者"的读书活动，通过举办这样的活动，给孩子们创造机会，搭建平台，提供更多的展示自我的机会。教育不仅仅是对孩子的教育，为了打造"家校一体"的阅读氛围和模式，我还在普洱市思茅区青少年校外活动中心的报告厅举行了"携手同行关爱成长"家庭教育公益讲座，让阅读的理念渗入家庭，渗入社会。

"教育就是一棵树推动一棵树，一朵云摇动一朵云，一个灵魂唤醒另一个灵魂。"

我把一间教室建成图书馆的模样，带着孩子们开展各种读书活动。每天中最宝贵的清晨，学生在阅读；每周的公益读书活动，孩子们在分享阅读的快乐。就这样，每一天，孩子们沐浴在自信、阳光、温暖的文字里。毕业那一刻，孩子们聆听的是自己的阅读故事，每一寸时光都见证着最美好的东西，滋养最美丽的童年，阅读成了孩子们生命的一部分！

我紧紧跟随着"亲近母语"的脚步，学习新的思想和理念，不断更新知识，积极参加"亲近母语"举办的各种活动，在第二届"阅读之星"班级评比中，我的孩子们一举获得了"最旺人气班级奖"和"持之以恒优秀班集体奖"。机会都是留给有准备的人，我们会一直读下去。虽然每天阅读课外书，但我们班的成绩仍排在年级第一，完全不用担心读课外书会影响孩子的学习成绩。

我相信阅读的力量。作为普洱市小学语文名师工作室的主持人，我特别珍惜这个平台。我和我的团队80多位教师，一起开展如何让孩子爱上阅读、学会阅读的国家级、市级课题研究，并获得了国家级二等奖。我带领着团队成员到各个县级、乡级学校"送教下乡"，推广阅读、上示范课，有幸能把我的阅读理念带给边远山区的孩子和教师。我还给工作室的所有成员每人购买了一整套《日有所诵》，我要把它带到了普洱茶乡的山山水水，让孩子们爱上阅读，让阅读之花在边疆大地上绚烂绽放，让孩子们走出大山去看辽阔的世界。我对"亲近母语"情有独钟。2016年3月，我入围"亲近母语"年度点灯人。2017年5月，我从公众号上看到，7月将在昆明举办研习营。我欣喜若狂，终于可以"亲近母语"了，虽自费学习但我倍感珍惜，我跟随着"母语"的脚步前行，开始一步一步地走向了更深层次的阅读指导。2019年4月我带着工作室的18位教师，带着梦想踏上离家乡有3000多千米的南京，享受了一场阅读盛宴——中国儿童阅读论坛暨亲近母语教育研讨会。飞机、火车、汽车，轮番上阵，公交、地铁、摩托、自行车风雨兼程。为了孩子们，我乐此不疲，不改初心！

童年是最美好的岁月，童书是最美妙的种子。引领孩子们阅读一本本书，就是在他们的童年播下一粒粒最美妙的种子，那是文化的种子、语言的种子、审美的种子、思想的种子……我坚信，一定会有奇迹发生！

我和阅读的那些事

　　记得那是2013年的夏天，我和学校的几位教师到河南郑州实验小学进行为期一周的学习，很是开心，终于可以走出去看看了，几天的学习收获很大。欣赏了闻名的洛阳牡丹，还被先进的教育思想、教育理念所熏陶。最让我不能忘怀的是——我们住的酒店大厅的一隅，一个20平方米左右的"书屋"：安东尼绘本馆，深深地吸引了我，更改变了我。书屋三面书墙，另一面用书架与大堂隔开。走进温馨的书屋，就看到了各种各样的绘本（之前我不知道什么叫绘本），五颜六色的图画书，摆满了彩色的书架，再加上色彩鲜艳的、充满童趣的小椅子和小桌子，就感觉走进了书的殿堂，孩子们的乐园。放学时间，小屋子里坐满了大大小小的孩子，大堂的沙发上也坐满了男孩女孩，大家都在安静地看书，那一幕静谧的美触动了我的灵魂，让我感慨万千，我们的孩子也能这样沉浸在书海中，那该多好啊！在我的家乡，我从来没有看到过这样的情景。那几天夜晚，我失眠了，都在梦想——我也有这样一个书屋就好了，带着孩子们走上阅读之路。虽说是梦想，但我还是信心十足，决定就按我的想法去做——加盟一家绘本馆，然后就会拥有好多好多的书了，我就这样做着美梦，一切都想得那么美好！我下定决心，不顾一切。回来的路上是我策划的最好时间，我没有资金，就到处筹钱，和父母借，和同学借，东挪西凑有了10万元，我欣喜若狂，这下我可以实现愿望了。"10万，你算过这笔账了吗？什么时候还清？""不就10万吗？没事，很快就会还清了。"我不以为然地对爱人说。我真没想过什么时候可以还清那10万元钱，我也没去算过那笔账，我只想拥有很多的书。我只想着，能和孩子们一起读书的情景，以及看到孩子们沉醉在书中的情景，幻想着一个个都成了学富五车的人。爱人说，没见过这样倔强的人，也没见过这样做生意的人。他看我不撞南墙不回头的样子，也拿我没办法，只好和我一起干了起来。仅用了一个月的时间，我的书屋——安东尼绘本馆开馆啦！理想是美好的，现实是残酷的。我请了一个人帮我看着绘本馆，课余时间就过去看书，因为离学校只有100米左右。我想用我的行为影响孩子们，碰上家长就讲阅读的好处，让她们带孩子来看书，简直就变成了一个满脑子都装着阅读的人。我每天看着那么多漂亮的绘本，心里乐滋滋的，似乎我拥有了全世界的书一样。盼望着赶快到周末，因为我要读书给孩子们听，喜欢读书给孩子们听的那种感觉，喜欢孩子们围在我身边，专注的眼神看着我，随着我抑扬顿挫的声音，丰富的表情，夸张的肢体语言，孩子们的小脸也变换着不同的神情，此时我是多么的有成就感啊！开始只有几个孩子来听我读书，后来越来越多，达到五六十个。我还请家长和我一起开展读书活动，这周请这个家长，下周又是另一个，我想让阅读深入家长的心，改变孩子首先改变家长，孩子阅读兴趣的培养需要家长的配合、支持、陪伴。光周末读书给孩子们听是不够的，我就鼓励孩子们课余时间去绘本馆阅读，还借书回家自己看，每节语文课都读孩子们借来的绘本，孩子们听得入了神，有时我在精彩处就停住了，留下一个悬念；有时就让他们听个够，我达到了痴迷的程度。每天都读，一个学期下来我们都读了300多本绘本了。当时我教二年级，对于没有阅读基础的孩子们来说，绘本是最适合那个年龄段的孩子读的书，也是培养阅读兴趣的最好读本。随后我每天都有阅读作业——亲子共读，每天读一本绘本。在馆里开展各种读书活动：讲故事比赛、演书中人物、朗读活动、读书交流会……我用各种办法，各种时间让孩子们爱上阅读。我就这样努力地做着，乐此不疲。可想而知，我这样的经营方式绝对不行，人家开绘本馆是从开展的各种活动中来赚钱，而我纯粹是带着孩子们愉快读书的目的来开馆。一年下来，我亏了，交不起房租、水电费，付不起员工费……没办法硬撑，只好关门了。此时除了书什么都没有了。绘本馆关了，让孩子们爱上阅读的初心始终没有改变过。我认为我"赚"了，孩子们爱上了阅读，有了阅

第三篇 日常教学

读的兴趣。一个人的爱好、能力用钱是买不到的。现在想起钱的事，我一点儿也不后悔，似乎和我毫无关系，就告诉自己这就算行善积德吧！其实这只能说，我是一个没有经商头脑的人。虽然绘本馆亏损关门，但看到孩子们的变化，更坚定了我的信念，我执着追求着，努力做个阅读路上的点灯人。

2014年，孩子们读三年级了，因为有了一定的阅读基础，在那样一个具有浓浓的书香氛围里，孩子们有了很大改变。我也不断学习有关培养孩子们爱上阅读方面的知识，看大量的理论书籍，收集有关阅读的资料，不断充实自己，一起和孩子们成长。我特别喜欢《朗读手册》中的这句话：你或许拥有一箱箱的珠宝和一柜柜的黄金，但你永远不会比我富有——我有一位读书给我听的妈妈。我一直坚持读书给孩子们听，每天给孩子们阅读的时间，因为我不可能时时呈现给孩子们生动、形象、规范的语言，就鼓励他们大量阅读，让阅读成为一种习惯。孩子们不可能事事躬亲，亲力亲为，那就读书吧，书会让你体验、感悟到很多东西，增长见识、开阔视野、价值观、树立伟大目标。我认为我首先要树立一个大语文观的教育教学理念，为了孩子们今后的发展，培养他们的各种能力，才能过自己想要的生活，才能实现自己的梦想，才能在蔚蓝的天空中展翅翱翔。就这样美美地读啊读，不断熏陶，让孩子们明白阅读就是学习，不一定要动手抄写才是学习，阅读像呼吸一样自然。每天语文课上，我都会抽出时间来给孩子们阅读，每天上课前都让孩子们读书半小时，有时看着孩子们专注的样子，实在不忍心打断他们的阅读兴趣，就一直让他们读下去。我大胆尝试，有教师说，时间都给孩子们看书了，你这样能完成教学任务吗？我说可以啊，课本上的知识那么简单，不用多讲。孩子们因为书读得多，理解能力强，好多知识就无师自通了，阅读是为了提高他们的想象力和创造力，想象力比知识重要，知识是通过想象力创造出来的，我的目标就是培养他们成为思维活跃的人，充满想象力的人，不被思维禁锢的人。根据孩子们的阅读兴趣和阅读能力，我推荐他们读杨红樱系列的书、《哈利·波特》全套、《查理九世》全套，大多数女孩成了杨红樱的粉丝，大多数男孩成了哈利·波特迷、查理迷，挺有意思的。大家不在教室外追跑打闹，而是安静地坐在教室里看书，爱和喜悦油然而生。假期里，平时都让孩子们背古诗，做各种有关阅读的手抄报，开展各种有关古诗词的活动，《我爱朗诵》的活动，我们到大自然中去读诗，每个孩子都参与其中，换一种方式学习语文，孩子们快乐极了！到现在为止，孩子们已经积累了300首多首古诗词了。"熟读唐诗三百首，不会作诗也会吟。"他们不一定能成为诗人，但至少陶冶了孩子们的情操，让中国传统文化根植于孩子们的内心世界。

2015年孩子们读四年级了，我就推荐他们读曹文轩系列的书、沈石溪动物大王的书，肯定有读不懂的地方，我告诉他们没关系，只要坚持去读就能读懂，还能发现其中的快乐！我还开展各种读书活动，每年的4月23日世界读书日都开展大型活动，孩子们像过节一般；平时有读书分享会、交流会；周末有读书沙龙活动，到大自然中去享受阅读的乐趣……世界读书日那天，我们进行亲子共读一本书的活动，让爸爸妈妈一起来感受阅读的快乐，做好孩子们的榜样，身教不如言教。书读得多了，也就有了一些书生气，举手投足散发着淡淡的书香味。看着孩子们有了不小进步，我也更多了钻研阅读教学方面的快乐，也让同行看到了孩子们的一些变化，于是对阅读就更执着了，不时会到各县去交流，上示范课。教师们听了我的讲座，都赞不绝口。我一直认为，孩子们大量阅读，理解能力、思维能力增强了，就不用担心孩子们的学习成绩了。实践告诉我，这样的做法收益颇丰，班上的孩子们不但拓宽了阅读面，也增加了知识，而且每次参加期末统测，个个成绩优异，平均分、及格率年年稳居年级前茅，受到社会、学校、家长的一致好评。课堂上孩子们不会说、不敢说，启而不发，原因出在哪里？脑海里什么都没有，怎么表达、怎么谈感受？这就是阅读出问题了。阅读积累需要时间，需要陪伴。4月中旬，我们到离澜沧拉祜族自治县城较远的一个村级小学，只有10个教师的学校，走进简陋的教室，纯朴的笑脸，好奇的眼神，憨厚朴实的教师，我就想读书给他们听，让他们知道外面的世界很大，很美，唯有读书方能改变一切。我去到哪里都讲阅读的重要性，可惜有的人不明白。不过，我不气馁，我相信总有一天他们会醒悟的！作为一个语文教师，如果不读书怎么去教育别人爱上阅读了？我不是多有文化，我只是小学教师水平，学海无涯，我给不了孩子更多的知识，讲不了太多的道理，但是，我可以引导孩子爱上阅读，去书中寻找他们想要的东西。2016年，在《儿童文学》"全国寻找最有故事悦读班级"的活动中，表现优异，荣获"悦读班级"称号。

2016年孩子们五年级了，"胸藏文墨虚若谷，腹有诗书气自华。"孩子们变得更加阳光了，知识也更丰富了。一次的图书介绍会上，让听课的教师惊叹，太能说了！是啊，没有阅读量的积累，怎能厚积而薄发呢？我在这个时间段推荐孩子们读的书大多是历史方面的书和国学经典。四大名著读得似懂非懂，但是就这样读着读着居然喜欢上了。课堂上，我和孩子们一起读课外书，一起交流，看似在浪费宝贵的教学时间，其实我和孩子们在真正学语文。我担心我仅有的一点知识，满足不了孩子们，我就不断地学习，不断地反思，不断地总结，不断地改进教学模式，让孩子们学以致用，让孩子们读得津津有味。世界读书日，我们进行了"课本剧表演"，孩子们居然把《红楼梦》《三国演义》搬上了舞台，把"海棠诗社"那一章节演绎得淋漓尽致，把"桃园三结义"演得活灵活现，这就是阅读的积累。3月我去孟连县、西盟县进行教学交流，到了孟连县离缅甸很近、仅一水之隔的村级小学——大芒糯小学，那里的孩子可以说是孤陋寡闻，一个学校就5个教师，也都是少数民族，校长是拉祜族，学生中佤族、傣族、拉祜族居多，低年级的孩子基本上不会说汉语。他们思想守旧，行为古板，安于现状，新的教育理念他们接受不了，不管怎样，我也努力地读书给孩子们听，带给他们最美的东西。到西盟县一个边远的村级小学——中课乡的一所小学，99.5%都是佤族学生，不懂汉语，从他们的眼神中可以感受到，听老师读书真是一种美好的享受。我知道我一个人的力量是有限的，但我想用最简单的方式——阅读，来尽一点微薄之力，努力改变他们贫穷落后的面貌和落后的思想。4月份，普洱市思茅区青少年校外活动中心，聘请我当阅读班的辅导老师，我毫不犹豫地答应了。记得在阅读班第一次上阅读课，我也是第一次见孩子们，还特意打扮了一番，好给孩子们留下好印象。我提前来到教室等候孩子们，因为是第一次，不知会有多少孩子来上阅读课。我猜会有20多个吧。时间快到了，陆续来了几个孩子。上课时间到了，一共来了12个孩子，居然只有这么几个孩子，有些失望，因为阅读是一件多么美好的事啊，怎么没人来了？我有些纳闷。既然来了就开始吧！我努力激发孩子们的阅读兴趣，让他们觉得阅读是件很有趣的事，很好玩的事！就这样我让孩子们感受到了让这门新课很有意义。第一次课、第二次课、第三次课……一个学期以后，到现在已经发展到了120人左右了。努力、用心，让一个个的孩子爱上阅读是我的梦想！之后我都很期盼每个周末，因为我可以读书给孩子们听，我不要求孩子们写，只要求孩子们带着小耳朵来听，年龄由5岁到12岁的孩子，他们听得那么专注，我很欣慰。其实，我们教师的功利心不要太强，用大语文观来教育孩子，和孩子一起学习，一定可以培养出优秀的孩子，老想着成绩，被成绩束缚了，那语文教师的意义就不存在了。追根溯源，当地的教学质量总是提不起来，和小学教师的理念、语文观、思想有很大关系，大量地做题，只是看到一时的高分，被小学肤浅、简单的知识蒙蔽了，这样的孩子长大了，到初中就会越学越吃力，越学越不会学，没有阅读量作为底蕴，他的人生不会走得太远。由于我班里的孩子们有了一定的阅读量的积累，较深的语文功底，比起同龄的孩子多读了一些书，所以，他们经常代表学校去参加一些大型的比赛，如代表学校参加普洱市思茅区、普洱市的经典诵读表演，代表学校参加云南省的经典诵读比赛，虽没有获得大奖，但是锻炼了孩子们，给了孩子们一个展示自我的机会，"腹有诗书气自华"。

2017年孩子们升入六年级了，是小学阶段的最后一年，拥有了一定的阅读量，他们已经掩盖不住自己的"才华"了，日记、习作、参赛作文都是潇洒自如的文笔，流畅的语言，巧妙的构思，咋一读还怀疑不是小学生的作文。各种参赛也屡屡获奖，这更激起了孩子们的阅读兴趣！没有阅读就不会有今天的硕果累累！4月，世界读书日，我带着孩子们开展了"让书香浸润我们的童年"的读书活动，孩子们兴高采烈，自编自演，展示了自己的特长。5月，我到普洱市新华书店进行大型公益读书活动——书香中国，文化普洱。6月，我们班的彝族诗词小王子——肖熟悉，通过网络古诗词竞赛，成绩优异，脱颖而出，应邀参加湖南卫视《金鹰卡通》节目组《龙的传人》第一期节目录制，有幸成为云南省的唯一一个代表。9月，我们六（7）班的

第三篇 日常教学

孩子参加教育部关工委全国青少年"五好小公民"主题教育活动，有3人获得全国二等奖，2人获得全国三等奖；同月，六（7）班同学参加中国少年儿童新闻出版总社举办的全国"我的一本画册，奇思妙想DIY开启自然之旅"大型主题活动，获"爱动物小大人"。11月，我再次有幸应邀参加普洱市思茅区青少年校外活动中心举办的"红色之旅"的研学活动，阅读兴趣班的孩子们和其他兴趣班的孩子们一起到江西井冈山研学，印证了"读万卷书，行万里路"的真理。12月中旬，我们班、青少年活动中心的阅读班，在普洱市图书馆开展了"美文浸润心灵，诵读丰盈童年""我是小小朗读者"的读书活动，创造机会，搭建平台，给孩子们更多的展示自我的机会。12月底，在普洱市思茅区青少年校外活动中心的报告厅进行了"携手同行关爱成长"家庭教育公益讲座。为了充实自己，我随时关注着各种有关阅读的公众号：点灯人教育、亲近母语、小学生阅读、小步读书……每天贪婪地学习。7月19日只身一人到昆明，参加了"亲近母语"的学习，我不知哪来的那么大的勇气，毅然决然前往，就想找到、走进阅读的感觉。那次学习收获很大，也找到了今后开展阅读教学之路。阅读不像盖房子，可以看见每天的变化，它需要时间的积累，阅读量的积累。2017年9月以我为主持人，成立了普洱市鲁边红小学语文名师工作室，我带领普洱市1区9县的共80名教师，开展了"培养学生阅读兴趣的策略"的课题研究，我们制定方案，立刻行动起来，把我多年实践的经验、理念和课题组成员分享，努力做一个孩子们阅读路上的指路人。接下来，我们班的孩子要面临着升学考了，我不担心考不上理想的中学，因为他们爱阅读。我还会和孩子们一直读下去，成就更多的孩子！让孩子们走得更远！

我读书，我快乐！

各位老师、同学们：

早上好！一个充满朝气、充满希望的星期又开始了，这一周对于我们来说有着特殊的意义。为什么这样说呢？因为这一周我校为期一个月的读书节活动圆满结束了。为什么每学期都要开展读书节活动呢？主要是鼓励大家去发现读书的乐趣，号召大家向伟大著作和它们的作者致敬，并向为人类文明进步作出贡献的人致敬。

我在网上看到一篇文章，名字叫《令人忧虑，不阅读的中国人》，作者是一个旅居上海的印度工程师孟莎美。

我坐在从德国法兰克福飞往上海的飞机上。正是长途飞行中的睡眠时间，机舱已熄灯，我蹑手蹑脚地起身去厕所。座位离厕所比较远，我穿过很多排座位，吃惊地发现，我同时穿过了很多排iPad。不睡觉玩iPad的，基本上都是中国人，而且他们基本上都是在打游戏或看电影，没见有人读书。

这一幕情景一直停留在我的脑海里。其实在法兰克福机场候机时，我就注意到，德国乘客大部分是一杯咖啡、一份报纸、一本书，或者一台笔记本，安静地阅读或工作。中国乘客中也有阅读和工作的，但不太多——大部分人或者在穿梭购物，或者在大声谈笑和比较价格。

中国是一个有着全世界最悠久阅读传统的国家，但现在的中国人似乎有些不耐烦坐下来安静地读一本书。一次我和一位法国朋友一起在虹桥火车站候车，这位第一次来中国的朋友突然问我："为什么中国人都在打电话或玩手机，没有人看书？"

第三篇　日常教学

......

真正的阅读是指，你忘记周围的世界，与作者一起在另外一个世界里快乐、悲伤、愤怒、平和。它是一段段无可替代的完整的生命体验，不是那些碎片式的讯息和夸张的视频可以取代的。

据调查显示，中国人年均读书量为4.5册，日本为40册，以色列为64册。从中可以看出中国人的阅读量是令人担忧的。这里说一个最典型的例子，在以色列"安息日"，所有的犹太人都要停止所有商业和娱乐活动，商店、饭店、娱乐等场所都得关门停业，公共汽车要停运，就连航空公司的班机都要停飞，人们只能待在家中"安息"祈祷。但有一件事是特许的，那就是全国所有的书店都可以开门营业。而这一天光顾书店的人也最多，大家都在这里静悄悄地读书。另一个国家匈牙利，一个崇尚读书学习的国家，当然会得到丰厚的回报。匈牙利，诺贝尔奖得主就有14位，涉及物理、化学、医学、经济、文学、和平等众多领域，若按人口比例计算，匈牙利是当之无愧的"诺奖大国"。他们的发明也非常多，可谓数不胜数，有小物件，也有尖端产品。一个区区小国，因爱读书而获得智慧和力量，靠着智慧和力量，将自己变成了让人不得不服的"大国"。

书，是我们每一个师生的朋友；读书，是校园里最美丽的风景；读书的人是校园里最可爱的人；朗朗的读书声，是我们校园里最动听的音乐。在这一个读书节里，我们以名著为友，以经典为伴，畅游书海，沐浴书香，静静地感受书籍带给我们心灵的愉悦，让文学的光和热温暖我们的心灵。

读书，真快乐！它可以让足不出户的我们欣赏到小桥流水人家，大漠孤烟，长河落日；它可以让我们穿越时空的隧道，看楚汉之争，火烧赤壁……它可以让我们明白《钢铁是怎样炼成的》，明白"山重水复疑无路，柳暗花明又一村"，只要坚持下去，成功一定属于自己。

读书是快乐的，快乐来自读书的境界。读书是一种享受，是一种快乐，是一种幸福。

通过阅读，我们不一定变得更加富有，但我们一定可以变得更加智慧。

通过阅读，我们不一定能改变我们的长相，但一定可以改变我们的品位和气象。

通过阅读，不一定能延长我们生命的长度，但一定可以改变我们生命的宽度，增加我们生命的厚度。

通过阅读，可以在有限的生命当中欣赏无限的美景，体验精彩人生。

通过阅读，我们不一定能实现我们的人生梦想，但一定可以帮助我们更接近我们的人生梦想。

同学们，读书吧！让我们与那些古今中外的贤者志士共语，做一个快乐的读书人！让我们通过读书，使自己变得更善良、豁达、有爱，让自己飞得更高，更远！

（2015年4月第十周国旗下的讲话稿）

第三篇　日常教学

教书育人，师德先行

——为爱坚守

校园里，每天传来孩子们欢快的笑声、朗朗的读书声，显得生机盎然；一座座的教学楼，在翠绿欲滴的大树和娇羞欲滴的花儿的装饰下，平添了一份勃勃的生机，足球场、篮球场，活跃着孩子们的身影，学校大门古香古色，更增添了一份百年老校的文化底蕴。这就是我们美丽的普洱市思茅区第一小学，景美人更美。

一、爱岗敬业

做好一名人民教师，就要爱岗敬业。这是我们学校党支部许自平书记常说的一句话。

许自平书记和蔼可亲、平易近人，工作勤恳严谨，勇挑重担，从不计较个人得失，用汗水和辛劳换取学校的发展。他对工作有着强烈的事业心和责任感，奉献精神。作为党支部书记，每天都需要处理许多日常党务工作，除此之外还上着4个毕业班的品德课，不管再忙，每周都要坚持听课评课，深入调研，全面了解教师思想、教学能力。大树下、球场边，经常可以看到他的身影，老教师嘘寒问暖，和年轻教师肺腑交谈，和孩子们促膝谈心，一幕幕温馨的画面，让人感到温暖，书记的关爱，便是学校的关心，因为有了这份爱，更坚定了学校教师对工作的信心。他擅长做老师们的思想工作，娓娓道来，循循善诱，晓之以理，动之以情，就如父母在教育自己的孩子，听着让你感到可敬、可亲！他在处理问题的过程中，使我们既受到了理论教育，同时也科学地处理和解决了实际问题。不计个人名与利，抓住思想热点，有针对性开展工作，勤奋、认真地做好党支部工作，对于许多人而言，责任可能是动力，也可能是压力，而对于许书记同志而言，责任始终意味着前者。他常说："这是我的责任，我的工作，我只是努力做好自己的本职工作，我既然选择这项工作，就一定要把它做好。"朴实的语言，捧出的却是一位党务工作者一心一意，尽心尽力做好党务工作的心，全心全意为学校服务的心。每学期都组织学校教师开展各种活动，郊游、迎新晚会、拓展训练，不但丰富了我们的业余生活，让学校教师在辛苦工作之余，放松心情，释放压力，更让学校教师的特长得到发挥，增强团队意识和集体的凝聚力。他的敬业精神是教师的楷模，时时刻刻以一个共产党员模范带头作用来要求自己。心里只装着学校，工作量大，任务又重，一天又一天，身体支持不住累垮了，不得不住院，虽然是住院，但一输完液，就赶回学校处理事务，看着他拖着虚弱的身体，忙碌的身影，敬佩之情然而生！

来看看我身边的许多值得敬佩的教师。六（2）班的王桂华老师，丈夫病重，送到昆明治疗，看到丈夫病情稍微有点好转，就赶回学校上课了，留下公公婆婆照顾丈夫。周末又坐夜班车上昆明看望丈夫，看着她憔悴的面容，疲倦的身体，真让人心痛！每当一提起这件事，她就忍不住泪流满面。她没有留下来陪自己的爱人，忍痛离开丈夫，是因为心里想着自己的学生，因为孩子们快要毕业了，担心孩子们换了老师听不懂课，担心孩子们学习成绩下降，担心学校请不到老师来代课，学校领导、同事的关心，更坚定了她努力工作的决心。在她心里学生最重要！

六（3）班的张如丽老师，一边输液一边批改作业，她要及时查缺补漏，心里装着的还是学生。上学期五年级汉字听写大赛准备阶段，杨仙梅、莫冬燕老师，利用课间时间、课余时间辅导学生，每天下午都到六点半左右，她们这样做是为了告诉孩子们，老师和你们在一起，老师相信你们。这样持续了一个多月，一分耕耘，一分收获，最后取得了市级团体一等奖的优异成绩。让人感动是，他们所辅导的学生中，没有一个是自己班的学生，她们没有怨言、没有喊累，就这样鼓励着孩子们、陪伴着一路前行！

我们的教师就是这样平凡，平凡的就只是一名教师，所做的都是琐碎小事，不是轰轰烈烈的大事，从他们身上真正体会到了"春蚕到死丝方尽，蜡炬成灰泪始干"的精神。我为自己能生活在这样的大家庭里，和优秀的人组成的团队里并肩作战，倍感骄傲、自豪！

二、介绍自己及自己的教育理念

我在2011年被评为普洱市首届"十大教学"名师，我特别珍惜这一称号！工作中，我很努力，因为只有这样，才对得起这份荣誉！

我喜欢苏霍姆林斯基说的一句话："没有爱就没有教育。"巴特尔也说："教师的爱是滴滴甘露，即使枯萎的心灵也能苏醒；教师的爱是融融春风，即使冰冻了的感情也会消融。"这就是爱，有爱才有教育，教育因为爱才崇高，无私地爱，是教育的魂！

师德的核心问题就是"爱"。师爱是师德的灵魂。师爱是消除师生之间情感障碍的保证；师爱是培养师生情，使之成为"知心朋友"的桥梁；师爱是转变后进生，使他们良好发展的灵丹妙药。冰心说过，有了爱就有了一切，而我要说，有了爱才有教育的一切，爱是教育的灵魂，是生命的甘霖，是人性的基石，是道德的起点。那么我们必须用爱浇灌，为爱盛放，奉献自己的爱心，呵护学生的成长。离开感情层面，不能铸造人的精神世界。教育，首先应该是温暖的，是充满情感和爱的事业，教师应多与学生进行情感方面的交流，做学生的知心朋友。爱生是衡量一个教师师德水平的一把基本尺子。爱要以理解、尊重、信任为基础；爱要一视同仁，持之以恒；爱要面向全体学生，多给他们一份爱心，一声赞美，一个微笑，少一些说教。热爱学生，爱得专心致志，爱得大公无私，让爱撒向每一个角落，让每一朵花都淋浴阳光。

教师能够以宽广的胸怀博爱每一位学生。教师的爱如同阳光普照大地，如同雨露滋润万物，但是，爱并不意味着迁就放松，而是严而有爱，爱而从严。只要充满爱，学生们一定会喜欢。

我觉得学生最关心的是教师对他的看法如何，最大的愿望是受到老师的关心和喜爱，当我们面对学生时，尤其是那些似乎充满缺点的学生时，如果能尽量发现他们的优点，然后真诚地、慷慨地去赞赏他们，就会激发他们内心深处的希望和信心，鼓励他们奋发向上。我记得一位优秀教师说过这样一句话：打着灯笼寻找学生的优点，用显微镜来观察学生的"闪光点"，尽可能地创造条件让学生有展示自我的机会，满腔热忱地欢迎每个学生的微小进步。

我给孩子们布置了一篇习作——《我眼中的鲁老师》，孩子们写道："鲁老师有着维密的身材，赫本的脸，彭丽媛的搭配风格。""我们鲁老师是我们心中的女神。""我们鲁老师是千年老妖。"……

教师，应当是美丽的，应该是真善美的化身，她把美丽播种到每一颗心灵，把芳香洒到每一个角落；在阳光下耕耘，在花丛中忙碌，在智慧里开拓，展示生活的奥秘。教师的每一句话都是发自内心的真诚，每一个眼神都是融化坚冰的太阳，每一缕白发都是飘逸灵动的青春。而作为一名教师，我们无怨无悔于自己的选择，无愧无负于一个人民教师的光荣称号。我们那一己微末的青春，在三尺讲台上将常绿不老，在盈寸粉笔中将如燎原的火种，生生不息。

教师是美丽的，她应该拥有美丽的语言，美丽的动作，美丽的形象，美丽的心灵。亲爱的老师们，就让我们把心中的那份美丽释放，用爱去浇灌每一座心灵的大厦，让每一个希望都能实现，让每一个笑容都如阳光般灿烂，让每一个花朵都绽放在春天。

《坐井观天》主题阅读教学

【教材分析】

　　《坐井观天》是一则寓言故事，根据《庄子·秋水》改写。课文通过简短而传神的对话，讲述了一个有趣且寓意深刻的故事：小鸟飞到井边喝水，与青蛙发生了争论。青蛙整天坐在井底，认为天只有井口那么大，小鸟却说天空无边无际。小鸟很无奈，只能请青蛙自己跳出来看一看。寓言揭示了一个道理：认识事物，看待问题，站得高才能看得全面，不要以点带面，目光短浅。"坐井观天"也是一个成语，用来形容眼界狭窄、所见有限；井底之蛙则比喻那些见识狭窄、目光短浅，而又盲目自大的人。课文篇幅较短，对话简短，适合孩子们阅读，体会字面的意思有些难。

　　课文有7个自然段。第1自然段交代青蛙和小鸟所处的位置，为故事的展开做了铺垫。第2～7自然段运用了三轮对话来展现故事的内容。第一轮对话交代了小鸟从哪里来，来干什么。小鸟说"飞了一百多里"，使得青蛙对于小鸟的说法产生了质疑。第二轮对话是青蛙和小鸟发生了争论。青蛙的一叹一问，小鸟的反驳，都鲜明并且情感强烈地表达了各自的观点。第三轮对话中，青蛙还是坚持自己的观点，认为天只有井口那么大。小鸟十分无奈，只好叫这只青蛙自己跳出井来看看天到底有多大。最后留白，让我们去想象故事的结尾。

【教学设想】

　　《井底之蛙》这篇课文，大家都非常熟悉。有的老师说，这篇课文很难上出新的感觉，已经被别人上透了。我想应该试试其他教学模式。以往这类课文，都是读一读，然后演一演，我想打破常规，不要只是学习生字词语、理解课文就结束了，未免太浅了，似乎还不够，要从培养孩子思维的广度入手，让孩子说、写、绘。童话的确应该让孩子们扮演不同的角色演一演人物，体会人物的形象，也可以用这样的方式学习课文。但是孩子们分角色表演，绝大多数局限于课文中的话语，很难跳出那个框。不是动作拘谨，就是记不住台词，要不就是走过场，一看就知道孩子们没有掌握课文内容，表演就是纯粹表演，演完"哈哈哈哈"笑了就过了，完全没有达到学习课文的目的。看似热闹的一堂课，其实没有学到深处，达不到学习的效果。

本课以对话为主，除了第1自然段，全部是青蛙和小鸟的对话，读好对话是本课的教学重点。

1. 朗读课文要求

教学本课，可以将朗读作为教学的主要任务和手段，在朗读中识字，在朗读中理解，在朗读中发展思维。

（1）读正确、读流利。课文语句简短、口语化，比较容易达到读正确的要求。可以创设互学互促的情境，鼓励学生比一比谁读得流利、读得好，同时让学生对课文内容有一个初步的了解。

（2）有感情地朗读对话。

第一组对话要读好问句。其中"哪儿"是儿化音，也是问句的核心词，可以先单独练习，然后再放回到句子中，练习读出问句上扬的语调。

第二组对话情感很强烈。青蛙的一叹一问，小鸟的一叹，不同角色的情感通过小小的标点符号可见一斑。要指导学生读好带有感叹号和问号的句子，为揭示寓意打好基础。"朋友，别说大话了！天不过井口那么大，还用飞那么远吗？"朗读感叹句时，要强调"别"字的劝谏意味；朗读第二句时要强调"井口、那么远"等词语，语调上扬，读出不相信的语气。教学时，可以通过比较的方法，让学生在对比中体会语气、语调的不同。例如，改成陈述句"朋友，别说大话了！天不过井口那么大，不用飞那么远。"比较朗读中，明显地感受到原文的感叹句和反问句在语气表达上更为强烈，突出了井底之蛙的自以为是。

第三组对话中，人物的对话前增加了提示语"笑了"。提示语相同，却有着不同的心情。可以引导学生交流，"青蛙笑了"和"小鸟笑了"有什么相同和不同之处吗？它们当时心里是怎么想的？通过交流，让学生体会到，青蛙对自己的看法非常自信，所以在朗读青蛙的话的时候，要适当重读"天天、……一……就……、不会"等词语，表现出青蛙是在非常自信地强调自己的理由。小鸟说的话中，"你是弄错了"中的"是"要重读，表示强调，加强语气。可以让学生先根据自己的理解朗读，然后在交流的过程中教师加以指导、点拨，使学生在不断加深理解的过程中逐步读好人物的对话。

2. 理解运用

依据寓言的体裁特点，教学时要充分感受人物对话时的语气和想法，在理解语言、了解内容的基础上揭示寓意。可以着重从以下几方面进行引导。

（1）体会想法，感受寓意。

一是关注青蛙说的话："我天天坐在井里，一抬头就能看见天。我不会弄错的。"结合这句话中的关键词"天天、一抬头"，让学生边读边想：青蛙为什么会有这样的认识？学生通过交流可以了解到：高高的井壁挡住了青蛙的视线，所以它目光狭小，所见有限。

二是关注青蛙的神态和表情。一个"笑"字引出了青蛙很自大，一点儿也听不进小鸟的话，还自以为正确。通过对"笑"字的揣摩（猜猜青蛙这时候会想什么？）引导学生领悟：不听劝告、自以为正确是导致青蛙弄错的重要原因，从而明白故事的寓意。

（2）续编故事，各抒己见。

课文的结尾写小鸟让青蛙跳出井口来看看，教学时可以引导学生展开想象：假如你是那只青蛙，当你跳出井口后，你会看到什么，想说些什么？要鼓励学生有个性地表达，学生可以谈自己的独特看法，不必拘泥于寓意，不必统一说法。例如，跳出井口青蛙会遇到什么情况，遇到谁，有什么启示？在学生换角色代入的过程中，就会进一步揭示寓意。

① 假如你是青蛙，你跳出来井口，你会想什么？你会说什么？又会怎

么做呢？考虑一下。

②假如你是小鸟，你飞到井底去看看吧，看到井底的一切，你会怎么想？怎么说？怎么做？

这一问题激起了孩子们的好奇心，对二年级的孩子来说，思维的广度和高度、语言表达都有挑战性。

扮演青蛙的孩子沉思了一会，发言了：

有孩子说，人们不注意保护地球，天空、大地、江河都被污染了，好可怕。森林被砍伐、垃圾乱扔、浪费水资源……

有孩子说，我到了农贸市场，看见你们人类在宰杀我的同伴，多么血腥的场面……

有的孩子说，我来到了大森林，树木茂盛，鸟语花香，河水清澈，阳光明媚……我决定不回去了。

有孩子说，我坐飞机到了喜马拉雅山见了世界最高峰，我终于见到雪山，我还要去登山呢！

有的孩子说，我到了法国巴黎，站在埃菲尔铁塔下，我好小。我还到了世界各地去旅游……

有孩子说，哇，外面的世界太美了，天真的无边无际，大得很呐，小鸟没骗我。

有孩子说，我来到了思茅一小，来到了二（1）班，和同学们一起上课，好开心啊！

……

扮演小鸟的孩子发言：

小鸟飞到井底，看了看四周，急忙说，我要回去，这里黑漆漆的，好可怕呀！

小鸟飞到井底，刚落稳，就大声说，住在这里太好了，每天不愁吃不愁穿，和小虾小鱼玩游戏，挺好的，我不回去了。

……

话匣子打开了，聊得快收不住场了。我顺势说到，还有许多孩子没有机会说，请孩子们拿出本子，把你想扮演的角色的想法写下来。你可以是青蛙，可以是小鸟的，也可以既是青蛙又是小鸟。还可以画一画你内心的想法。

（3）联系实际，指导实践。

寓言往往采用夸张的手法，将人物的问题和缺点放大，让人读后能受到触动。教学中要引导学生尽量与生活实际联系起来，实现对寓意的领悟。例如，引导学生交流讨论：现实生活中，你有没有遇到像青蛙一样坐井观天的人？你会怎么去面对他？

只是读书，却不深入思考，绝大部分知识都会流失，不会在大脑留下印象。学习课文也是一样，上好每一篇课文，教会孩子读书、思考。

《我爱你，中国》教学设计

【教学目标】

（1）让学生通过朗读爱上阅读。

（2）指导学生如何进行朗读。

（3）锻炼学生的语言表达能力和展示课外阅读的知识面。

（4）体现语文学科性的功能。

【教学准备】

制作课件、阅读有关内容的课外书。

【教学时间】

1课时。

【教学过程】

1. 谈话导入

100多年前，神州大地风雨如磐，山河破碎，生灵涂炭；100年前，20岁出头的毛泽东走上了寻求救亡图存的道路，19岁的周恩来为友人题词"愿相会于中华腾飞世界时"。从那时起，古老的中国即将度过漫长的黑夜，迎来光明的曙光，而在这黎明前的黑暗里，最明亮的一颗"启明星"冉冉升起，那就应运而生的中国共产党。在中国共产党诞生28年后，是他们带领青年、带领全国人民走出了黑暗，走向了光明！1949年，毛泽东豪迈地宣布：中国人民从此站起来了！祖国悠久的历史文化，日新月异的变化，你不为祖国的强盛而自豪吗？你不为自己是一个中国人而感到骄傲吗？我想大家一定会的。今天，我们一起来学习一首现代诗——我爱你，中国！

2. 学习诗歌

提出学习要求：

（1）读准字音，读通顺句子。

（2）当你读完了这首诗，你想到了什么？

3. 自己学习，读诗

4. 检查学习情况，交流自己的体会

生1：我想到了《红军过草地》的感人故事，并讲这个故事。

师：红军过草地时发生了许多感人的故事，他们不怕苦、不怕累、不怕困难，顽强、乐观的革命精神值得我们学习。

生2：我想到了《红旗渠》的故事，并讲了这个故事。

师：从红旗渠的故事中，我们看到了中国人民迎难而上、勇于担当、不怕流血牺牲、无私奉献的精神，这就是民族精神。

生3：书中《岁月的故事》让我看到了祖国的变迁，科技的发展，衣食住行、生活环境都发生了翻天覆地的变化。

生4：《梦想小镇》的故事让我看到了祖国人民的创新精神。

师：只要有梦想，任何奇迹都可以发生。

生5：假期里，我和妈妈坐高铁去旅行，看到了祖国的壮丽山河，高楼大厦，高铁的发展让我们看到了祖国发展的伟大成就。

师：是的，我国已经是一个"上天揽月，下洋捉鳖"的国家了。

生6：老师我想到了2017年11月，你带我们到井冈山寻找红色的足迹，我的感触很深，只有努力学习，才能实现自己的梦想。

师：不怕苦难、勇往直前、前仆后继、坚韧不拔、团结协作、众志成城、百折不挠、克服困难，这就是长征精神。

生7：老师！什么是"两个一百年"？

师：第一个一百年，是到中国共产党成立100年时（2021年）全面建成小康社会；第二个百年，是到新中国成立100年时（2049年），建成富强、民族、文明、和谐、美丽的社会主义现代化国家。

是啊，中国已经有5000多年的文明史了，中国的文明，从远古的文字就包含着大量的信息，汉字的信息远高于字母和其他文字，是世界最优美的文字，读音、书写、字体无不是世界独创，华夏文明是世界上最优秀的文明。大家理解得很多，很深，现在来读这首诗一定可以读得很好。现在我们来试试。

5. 教学朗读的方法

（1）学习常用的朗读符号。

（2）学习第三节的朗读方法。你认为什么地方应该用什么符号，大家划一下，再试着读一读。

（3）练习读一读，读出感情。

（4）用同样的方法学习其他的小节。

6. 齐读全文，总结全文

板书设计

我爱你，中国

壮丽山河

灿烂文明

民族气质

民族精神

【教学反思】

语文课要体现大语文观。我们的语文课要让学生的语文能力——听说读写得到锻炼，不要听老师一味地讲，身教胜于言教。让孩子有感情地朗读，怎么有感情，这就要老师的示范，有了榜样学生才能领悟得好。

通过朗读，让孩子们爱上阅读，培养积累语言。

（1）大声朗读，培养语感、加深印象、提高理解、产生自信、体验成功！

（2）大声朗读的好处有不少：一是有利于开发右脑。因为大声读实质是朗读者在自我欣赏自己的声音，久而久之，有利于学生形象思维能力的自我培养。二是能改变学生的性格。性格内向者往往发出的声音也很小，如果全体学生都能坚持大声读课文及其他文章、书籍，很容易使学生爱讲话，性格也就随之而变。三是有利于学生体会到辩论、争论的价值，这是更好地、高质量地参与未来的事务的一种素质。四是有利于改变自卑。大多数的后进生的突出表现就是不会大声读课文，大声读不好课文，从大声朗读开始训练，许多后进生能在读的过程中，形成一定的思考力。五是大声读，使脑神经处于极度兴奋状态，这本身就能刺激学生深入理解文章、书籍。六是大声读需要集中精力，大脑处于"排空"状态，有利于记忆。七是大声朗读文章是语感形成的必走之路，可以这么说，没有真正的大声读文章，就不会有什么真正的语感。八是大声读文章有利于"诗性美"的再现。每篇文章、书籍都有着"诗"的美，都有着作者美的灵感，而大声读，可以将这种美还原。九是大声读有利于其他学科的学习，需要广泛深入思考、记忆的学科如果运用了大声读，学习效率一定会很高。十是有利于提高写作能力。

大声读他人作品是学习的过程，大声读自己的作品实质是修改完善的过程。疯狂朗读好处多，疯狂诵读和背诵可以把情绪最广泛地调动起来，名篇佳作的音韵美、节奏美、气势美，只有在诵读中才能真正感受到；文章的起、承、转、合，只有在诵读中才能深刻地体会到。长期坚持诵读，就会从感性上、从直觉上、从整体上去认识、去体验、去占有名篇佳作的精髓，主动地消化和吸收；长期坚持诵读，就能养成眼到、口到、耳到、心到的良好的诵读习惯。

"写一种水果"教学设计

【设计理念】

新课程标准要求："留心周围事物，乐于书面表达，增强习作的自信心。"但是学生往往对生活中的各种事物视而不见，特别是越熟悉的事物越不愿深入观察。如何引导学生"留心周围事物"，尤其是"乐于书面表达"，这是习作教学的主要任务。本教学设计以学生最常吃的橘子为例，通过巧妙的设计激发了学生乐于观察、体验事物的激情和乐于写作的欲望，又让学生学会了观察、体验事物的方法和写作方法。

【教学目标】

（1）仔细观察，通过观察、品尝了解橘子的外形、颜色、味道。

（2）学会运用比喻、拟人等写作手法。

（3）以观察水果和写水果为例引导学生如何观察，如何表达。

（4）培养学生观察事物的兴趣和方法，养成留心观察周围事物的好习惯。

【教学重点】

指导观察。

【教学难点】

学会表达。

【教学过程】

1. 谈话导入

师：同学们，你们最喜欢吃什么水果，并作简单的介绍。

今天，老师教同学们写的就是一种水果，大家想想，写水果应从哪些方面去写？

板书：形状　颜色　味道

2. 猜测盒子里装着什么水果

让孩子们尽情地猜测，说出自己所猜测的水果的样子、颜色、味道，还有理由。（这是心理活动和想象能力的培养）

猜测一：盒子里装的是苹果，老师的脸像苹果一样漂亮，一定是因为喜欢吃苹果。苹果大大的、红红的，有一股清香，书上说，"一天一个苹果，疾病远离我。"我还知道苹果生长在北方，苹果成熟了，一个个挂在树上，果实累累的样子一定很诱人。

猜测二：盒子里肯定装着香蕉，我好像闻到了那股香味。香蕉弯弯的像月牙，黄黄的颜色让人看了舒服。咬一口，软软的，甜甜的，老少皆宜，香蕉含钾特别丰富，钾是人体不可缺少的一种元素，它有增强记忆力的功效，还被称为"智慧果"呢！

猜测三：我猜，盒子里装着梨，在所有水果中，我最爱吃梨。别看梨的个儿不大，但汁水特别多，咬一口，汁水盈满了整个嘴巴，蜜一般的汁水一直甜到心里。梨和冰糖一起炖，可以治咳嗽。有人说，不能分梨吃，吃了两人就要分离，可我不管那么多，喜欢吃就吃呗。

……

（这个过程是想让孩子们通过回忆，平时自己喜欢吃的水果的特点，努力用语言表达出来，观察能力、想象能力、表达能力都得到了锻炼。）

3. 揭晓答案

（1）我小心翼翼地打开盒子，从盒子里拿出一种水果。孩子们惊叫起来，呵呵呵，都没猜对。

（2）我随后慢慢道来，孩子们专心听。从大小、颜色、味道、功效等方面给孩子们讲。

（3）感受实物，真情体验。

我们按一定的顺序观察。

第一步也是第一关，观察橘子。

（1）我们先来说说它的形状。注意把话说具体说完整。（做动作提示）（像小皮球、像小灯笼）说得真好！刚才那个同学说的是个什么句子？（打比方）

（2）继续观察。这几个橘子大小一样吗？

有大一点的，有小一点的。用一个词怎么说？（大小不一）

（3）放在手里掂一掂，估计一下它有多重？（100克左右）

（4）再看看它的颜色。（青绿、金黄、黄里带青、小黑点）

（5）谁能连起来说说橘子的形状和颜色？

（6）下面该说说它的味道了，谁知道橘子的味道？（学生可能会说是酸甜的）你怎么知道的？（学生可能会说是吃出来的。）现在这个没剥开皮的橘子可以吃吗？那么，我们除了通过吃，还可以通过什么方法知道它的味道？（用鼻子闻）对。谁来闻一闻这橘子的味道，然后告诉大家。（淡淡的清香）

（7）谁能连起来把橘子的外表说一说？（指名说）（板书：外表）

第二步也是第二关，剥橘子

师：每组选一个组长剥橘子，剥的动作慢一点。剥开后要克制住自己不能吃哟，哪组先过这关，才能先品尝。每个同学都注意观察剥橘子的动作，特别体会橘子剥开后的气味、颜色、形状以及自己感受的变化，周围同学的反应。把这些内容和同学之间交流。

（1）注意老师的动作：教师剥橘皮。问：刚才老师做了什么动作？（剥、扒）

（2）老师剥橘皮，请一名学生上台来闻闻，你闻到了怎样的味道？（清香）看到了什么？还看到了什么？（橘瓣、白色的经络）这雪白的经络

像什么？（纱衣）

（3）这桔瓤是有什么组成的？（橘瓣）取出一片橘瓣，看看，像什么？（月牙、小船）数一数，一共有多少个橘瓣？（数）

（4）仔细看，动脑想：这些橘瓣围在一起，好像……犹如……用打比方的句子描述一下。

指名说，点评。

（5）继续看老师的动作：取出一瓣。指名说说老师做的动作。（取、掰）

老师接着做动作，放在嘴里咬上一口，让生说老师的动作。（放、咬）

（6）谁能把刚才讲的连起来再说说，注意用上打比方的句子和表示动作的词。（板书：内里）

第三步，尝橘子

（1）拿起橘子，大家一起动手剥橘皮、数橘瓣、再放到嘴里品尝一下橘子。要求边做边说。

（2）刚才大家品尝了橘子的味道，谁来说说？（甜甜的、酸酸的、甜里带酸）

（3）好吃吗？喜欢吃吗？好吃、喜欢吃就继续吃吧。吃完了一个，还想再吃吗？

第四步，说用途

橘子不仅好吃，还有很多用途呢！谁知道，说给老师听听。

（1）指名说说橘子有哪些用途。

（2）教师归纳。

橘子：橘子可谓全身是宝，其果肉、皮、核、络均可入药。橘子含水量高、营养丰富，含大量维生素C、柠檬酸及葡萄糖等十余种营养物质。食用得当，能补益肌体，特别对患有慢性肝炎和高血压患者，多吃蜜橘可以提高肝脏解毒作用，加速胆固醇转化，防止动脉硬化。

橘皮：橘皮是一味中药，叫"陈皮"。性温，味辛，有理气化痰，燥湿的功效，制成各样的美味佳肴，不光可以增加食欲，还可以祛除胸腹满，呕吐，咳嗽等多症。可以做橘皮汤、橘皮茶、橘皮酒、橘皮粥等。

提醒：橘子好处虽多，但宜常吃而不宜多吃。中医认为橘子性温，多吃易上火，会出现口舌生疮、口干舌燥、咽喉干痛、大便秘结等症状。

橘子汁：可防心脏病等。

（好多孩子对句子的作用不太了解，没关系，只要听老师讲，也就增加了一些知识了，我们一直强调要写自己熟悉的事、物。其实，孩子对此是熟悉的，只是没有注意观察而已，长期这样引导，也就培养了孩子的观察兴趣和能力。）

4. 练笔，师巡视指导

5. 交流评价

（1）投影出示，点评，修改。写得好的挂在《小太阳报》征稿处。

师：下面我们来交流，谁愿意到上面来把自己的水果介绍给大家。老师修改。学生提提建议。

（2）请个别学生读自己的习作，教师随机给予指导：你最欣赏他什么？

（3）现在你还想对你的习作读读、改改，使它更好吗？老师给你一些时间，可以好朋友之间互相修改，也可以自己独立修改，试试看，相信你能把它写得更棒！

【设计意图】

通过学生的听与欣赏评价，让学生也能进入他人的情感世界，分享彼此的独特体验，并学习合适的表达方法。让学生在自己读、听他人读、听老师指导的同时发现自己的不足，学习别人的优点，并通过给自己修改或给别人修改，再次得到进步与提升。

板书设计

写一种水果

猜测水果前的想法

猜测水果：外形、颜色、味道、用途

写老师手里拿的一种水果

【写下自己的一点收获和想法】

这一过程，目的是培养孩子们听的能力、观察的能力、记忆的能力以及语言的组织能力。老师引导孩子们写的过程十分重要，孩子们一到习作，就很惧怕，总觉得无事可写，无话可说，不知道从哪里写起，写半天还是挤不出几个字。这时，老师要做好一个引导者，有顺序地引导孩子慢慢来写。

《秋天的雨》教后反思

原文：

秋天的雨，是一把钥匙。它带着清凉和温柔，轻轻地，轻轻地，趁你没留意，把秋天的大门打开了。

秋天的雨，有一盒五彩缤纷的颜料。你看，它把黄色给了银杏树，黄黄的叶子像一把把小扇子，扇哪扇哪，扇走了夏天的炎热。它把红色给了枫树，红红的枫叶像一枚枚邮票，飘哇飘哇，邮来了秋天的凉爽。金黄色是给田野的，看，田野像金色的海洋。橙红色是给果树的，橘子、柿子你挤我碰，争着要人们去摘呢！菊花仙子得到的颜色就更多了，紫红的、淡黄的、雪白的……美丽的菊花在秋雨里频频点头。

秋天的雨，藏着非常好闻的气味。梨香香的，菠萝甜甜的，还有苹果、橘子，好多好多香甜的气味，都躲在小雨滴里呢！小朋友的脚，常被那香味勾住。

秋天的雨，吹起了金色的小喇叭，它告诉大家，冬天快要来了。小喜鹊衔来树枝造房子，小松鼠找来松果当粮食，小青蛙在加紧挖洞，准备舒舒服服地睡大觉。松柏穿上厚厚的、油亮亮的衣裳，杨树、柳树的叶子飘到树妈妈脚下。它们都在准备过冬了。

秋天的雨，带给大地的是一曲丰收的歌，带给小朋友的是一首欢乐的歌。

这是一篇抒情味很浓的散文，语言优美，值得细读学习。名为写秋雨，实际在写秋天。课文的内容丰富多彩，作者抓住秋天的特点，从秋天的到来写起，写了秋天缤纷的色彩，秋天的丰收景象，还有深秋中各种动物、植物准备过冬的情景。课文使用了多种修辞手法，把秋雨人格化，把秋雨比喻成生活中常见的东西和事物，很含蓄地抒发感情，这些被艺术化了的语言，虽然会给学生造成理解上的困难，但却是一篇非常好的习作范文，它是教学上的一个难点。

课文实在太美了，不用解释就只用美读，一遍又一遍，情不自禁就进入了秋情之中，如此优美的语言特别适合孩子们朗读，所以值得背诵，这就是我们常言道的语言积累。我们学习课文的重要的目的之一就是积累语言，积累、沉淀，久而久之就变成了自己的东西。语文课就应该这样上，这就是儿童阅读。

这是一篇非常适合教授写作方法的范文。从整体上来看，文章呈现的是总分总的写作结构。第一自然段开头的第一句话就是，"秋天的雨是一把钥匙，友谊和五彩缤纷的颜料。"有什么颜料呢？黄色给了银杏树，红色给了枫树，金黄色给了田野，橙红色给了果树，更多的颜色给了菊花……美美读一读怎么写黄色银杏树的。大家再好好品味作者怎样写其他事物的？句子如此优美，你发现了没有，作者真了不起，运用了比喻、拟人、排比的修辞方法，边读边想边体会。慢一点，读得用心一点，孩子们会豁然开朗，原来总分结构就是这样的，生动形象、比喻贴切的句子是如此优美，我也要写的欲望油然而生。水到渠成，让孩子们仿照第二自然段方法来写：

秋天的校园有一盒五彩缤纷的颜料……

秋天的公园有一盒五彩缤纷的颜料……

第二自然段是全文的重点，整篇课文都采用了相同的句子来开头，它是本段的中心句，详略得当的写作方法也是本文的写作特点。很明显看出第二自然段是全文的重点，描写的事物更详细一些，用的笔墨更多一些，其他几个自然段的描写就相对简单一些。这一写作技能孩子们得学会，细细一读本文，一对比，就会发现这就是详略得当。详略得当能让文章的重点突出，彰显文章的主题，简洁又精彩，内容饱满，给人留下深刻的印象。然后，同样的主题：我们的学校很美，你将从哪几个方面来写？试着做到详略得当。一步一步的训练，循序渐进，学生一定会学有所获。

从二年级到三年级，孩子们就发现了二年级的课文，特别简单，一到三年级，课文就变难了，语文依然很美但更深奥了，孩子们就觉得读不懂了。特别是第2课，选自泰戈尔的散文集《新月集》的《花的学校》，孩子们就觉得难读懂，句子特别难理解。像这类课文我就采用多读，不多讲，用心品读就好了，孩子们能读懂多少就读懂多少，能理解多少就理解多少，不用使劲儿费力地去讲解，如此优美的一篇文章讲得支离破碎，多可惜啊！

特别是小学语文课文，当你用心备课和钻研，再加上平时的思考，你的教学智慧和灵感就会产生，就能轻松驾驭教材。一篇课文找到一个知识点就够了，贪多是不行的，抓住重点教授既提高了教学的质量，也让孩子们轻松掌握了知识点。

我们的课文里藏着很多秘密，你发现之后是不是会和我一样欣喜若狂呢？

教学礼记

　　《那一定会很好》是部编版三年级语文上册第三单元的一篇课文，这是一篇童话故事。讲的是一粒种子长成一棵大树，被砍伐后做成手推车、椅子、木地板的故事。这篇课文其实是以一粒种子的经历对学生进行奉献教育，让孩子们明白要做一个对别人、对社会有用的人。本文具有情节反复的特点，有助于学生分部分抓关键词了解故事的经过，简单概括出种子的经历。本文适合让学生练习朗读（心理活动）、感受积极的生活心态有着很大的教学价值，可以让学生借助"树"这一主体，思考不同的态度、经历带来的丰富体验，对于学生感受童话情节的趣味性、想象的丰富性都有积极的导向作用。

　　这是一篇略读课文。我首先让孩子们熟读课文，然后自己理清脉络。然后让他们自己感悟出这篇课文要表达的思想感情。有孩子说，我从这篇课文当中感悟到了，一个人要有梦想；有的说，我从那粒小种子的身上感悟到了要平和对待世界上的事，要努力去实现自己的价值。虽然，一粒小小的种子不能做什么大事，但他一样能够做有意义的事。有的说，这棵树不与其他人竞争，他在做最好的自己。一个个活着要去无限的努力，他很乐观，所以生活得很愉快！

　　在和孩子们讨论这篇课文的时候，我引导他们展开联想，本课和我们曾经读过的哪一本绘本有相同之处？《爷爷一定有办法》中爷爷凭他那老裁缝的经验，把约瑟的一条小毯子变成了一件外套，又变成了马甲，变成了领带，变成了手帕，这样一点一点地变，再把它变成了纽扣，最后连纽扣都不见了，爷爷把它利用到最大的限度。孩子们还想到了上学期我们学的一篇课文《千人糕》，这篇课文也有和它有相同之处。我们在学习课文的时候，不要只是学习课文，还要会联想、想象，要会把我们所有的知识贯穿起来，学以致用。

除了体会课文表达的情感以外，我们还要学习文章的写法，以及如何表达。这篇课文，我们要学习什么写作方法呢？心理活动的描写。请孩子们勾画出描写心理活动的句子，并读一读再体会，谈感受。之前我们学习过的《秋天的雨》运用的是总分结构的写法，以及大量的排比、比喻、拟人等修辞手法，每篇课文都有不同的写法，侧重点也不一样，就看你会不会发现。文章中有了心理活动的描写就会把人给写活了，文章就显得更生动形象了。所以在教学课文时，我们一定要找准知识点，从文章的结构、文章的写法、文章的表达来入手，不能面面俱到，找到一个点就实实在在地掌握一个知识点，这样收获就大了，这才是真正的教语文。

最后，我还让孩子们思考，想一想，一粒种子还会去哪里旅行？你就是这粒种子，还会去哪儿，会去做什么？于是，孩子们就有了新的创作，有了一粒种子的奇异旅行。

第三篇　日常教学

第四篇

随笔感悟

我们班的悦读故事

——云南省普洱市思茅区第一小学四（7）班

你或许拥有无限的财富，一箱箱的珠宝与一柜柜的黄金。但你永远不会比我富有——我有一位读书给我听的妈妈。

——《朗读手册》吉姆·崔利斯

记得我们刚上一年级时，一切都感到那么新鲜。一群麻雀从空中飞过，我们都要惊呼半天；一只小蚂蚁路过花园中的小路，我们都要悄悄和它对话；一个不熟识的小朋友受伤了，我们都会一拥而上，关切地询问；不上课的时候，老师一走进教室，我们便把他（她）团团围住，叽叽喳喳地问个不停……好奇的东西真多。校园好大好宽敞！最开心的就是下课了，我们像一只只快乐的小鸟飞出教室，在宽阔的操场上追逐嬉戏，笑闹声、欢呼声回荡在校园上空。上课铃声响了，我们又欢呼雀跃着如潮水般撤回教室。每一节课都让我们感到新鲜和有趣。音乐老师很漂亮，声音特别好听，我们放开嗓门大声跟着唱，不管跑不跑调，开心就好。美术老师太了不起了，唰唰几笔就画好了一条小鱼，我们全都惊呆了。体育老师高高的个儿，带着我们这群小屁孩儿玩游戏，有趣极了！数学老师那么睿智，让我们学会了数数、计算。我们最喜欢语文老师，她聪慧美丽，饱含着妈妈般的爱心，手把手一笔一画教我们学写字；是她循循善诱，把我们带入满是书香的思想殿堂……这四年来，我们一直都感到很幸福、很快乐，因为我们生活在一个散发着浓郁书香的班级里，这里有一个会读书给我们听的老师，也许这就是我们的财富，或许她就是我们永远的妈妈……

一年级的快乐

刚上一年级，我们就感受到了学习的快乐，每一节语文课，老师都会讲故事给我们听，她绘声绘色地讲述，让我们全班同学都陶醉了，书里的故事深深打动了我们幼小的心灵。就这样我们渐渐地爱上了语文课，总是怀着愉悦的心情跟着她美美的、一遍又一遍读课文，享受着语文课带给我们的快乐。她每天都读呀读，那丰富的表情、夸张的动作、抑扬顿挫的音调，让我们浮想联翩，思绪万千，惊叹不已。《我爸爸》《我妈妈》《好饿的毛毛虫》《小黄和小蓝》……一本本绘本，带我们到国外去旅行，温馨而又浪漫。绘本成了我们最喜爱的课外读物！精美的画面，风趣的语言，常常让我们爱不释手。虽然我们当时并不太理解故事里深藏的道理，但我们依然爱它！老师读故事时的动作、神态感染着我们，我们便学会了用心动情，我们学会了用小脸读书，用小脑袋读书，用宽阔的心灵去读书。在学校举行的讲故事比赛中，韩雨啸同学获得了一等奖。他绘声绘色讲故事的本领，令我们羡慕不已。

二年级的幸福

二年级了，老师还在给我们讲绘本故事，讲完了，还让我们说说，安东尼的爸爸像河马，你的爸爸像什么？安东尼的妈妈是全世界上最强壮的女人，你的妈妈是什么？就这样，老师每天都给我们读呀读，我们听呀听，不知不觉我们在一年的时间里就读了100多本绘本了，收获满满。那一本本绘本，给我们搭建了一座座通向阅读文字屋的桥梁，是它让我们爱上了阅读。《重要书》告诉我们什么最重要，雏菊最重要的是它的洁白，白云最重要的是它总在那里，而你最重要的是什么呢？——你就是你！校园系列故事文字书《一年级鲜事多》《二年级问题多》……小主人翁也跟我们一样，在学校里会遇到好多好奇的事，也一样的天真、可爱，充满奇思妙想，小脑袋里装满了许许多多的问题。我们都很期盼每天的语文课，因为昨天故事里孩子们离奇的经历吸引着我们，好想知道接下来又会发生什么？学校的读书节活动中，我们班的课本剧《守株待兔》，获得了第一名。因为语文老师每天读书给我们听，就这样每天悦读，慢慢地，我们稚嫩的语言开始变得多彩，想象力也日益丰富起来。

三年级的好奇

读到了三年级，我们开始有了自己的想法。怎么回事，我们咋崇拜起语文老师来了？她的想法怎么那么奇妙，我们怎么压根儿就没有想到？不过绘本似乎已经不能满足我们的"胃口"了，她似乎也看出了我们的心思，费尽心思去找一些适合我们看的书，一些特别接近我们生活的书。她经常给我们讲童年的事，《儿童文学》是她童年时的最佳读物。她说，总是很期待新《儿童文学》期刊的到来，每每拿到《儿童文学》时的那份喜悦真是无与伦比，首先是迫不及待、狼吞虎咽地看，而后精彩的部分常常是一遍又一遍地读，轻读慢诵、细细品味。向往书中所描绘的场景，品味其间的美好情愫，憧憬斑斓多姿的未来。《儿童文学》让她实现了自己的梦想，当上了老师，她说，她也要让孩子们再读《儿童文学》，因为它是"孩子阅读的纯净乐土"。从一年级开始，每一个学期，老师都把我们的优秀日记、习作以及读书笔记，收集起来并装订成册，现在已经有10多本了。

《红楼梦》《明朝那些事》《傲慢与偏见》……这些书尽管我们读得似懂非懂，但我们还是痴迷地读着。每周她都给我们安排一节阅读课，那是我们最期盼的课，整节课我们都在静静地享受一本书给我们的乐趣。在书里，一会儿和主人公肆无忌惮地欢笑，一会儿又和主人公戚戚然地悲伤，铃声响了，仍舍不得放下书，意犹未尽！每学期老师还给我们安排各种活动：讲故事、学古诗、诵《论语》、背《弟子规》、朗读佳文、课本剧表演、亲子共读一本书、爸爸妈妈讲故事、为爱阅读二十一天……活动内容丰富又有趣，让我们开始爱上了阅读。

四年级的独立

四年级了，老师依然每天给我们读文字书，读《四年级烦恼多》，读《儿童文学》里的故事。老师以身作则，常常手不释卷。她的言行举止感染了我们，也让我们真正爱上了阅读。别看我们小，我们每天都要用一个小时的时间读书，现在已经养成了阅读习惯。我们读的书更多了，有《儿童文学》《十万个为什么》《军事科学》《探索历史》等。我们班冯俊杰的爸爸，还给我们捐了许多的书，我们班的图书角变得让人羡慕不已。我在想如果有一天，我们把它们都读完了，那可真了不起！老师常说，阅读不会改变我的容貌，但可以让我变得更有气质、更有品位；阅读可以让我们在有限的时间里看到无限的精彩；阅读虽然不会让我变得富有，但一定可以让我变得更豁达、更睿智。如果那样，我们离梦想就不远了！我们使劲地读，下课了舍不得休息，捧着书在悦读；中午到校，不去狂野，坐在教室里享读；放学了，边走边读。那天听老师读《儿童文学》里的一篇文章《写给未来的你》。鲁梦颖说："我一定要努力让自己变得更优秀！"小班长徐诗涵大大方方地说："我只要一天不看书，就浑身难在。我的情绪会随着书里的内容而变化，有时会急出一身冷汗。课堂上能回答出老师的许多问题，我为平时看了许多书而感到自豪。还有，我看了《红楼梦》中的一个词'入赘'，想到了我的爸爸，他就是最好的解释，因为他是'嫁'到我妈妈家里来的。"皮肤白皙的刘紫露说："看完书之后，和别人交流就是一种快乐。""我讲故事给爸爸听，爸爸夸我变得斯文了！"李逸然笑着说。冯俊杰一脸认真地说："那天我看《牛顿传》中的一个章节——《大学人生》。我和妈妈在聊书，妈妈突然问我，伽利略和牛顿是不是好朋友啊？我一听大笑起来，我妈妈真逗，他们俩相差一个世纪呢。"内秀的小女孩张楚怡说："我最喜欢看《儿童文学》，印象最深的是里边的一篇文章《生日快乐》，我从中感受到了父爱的伟大。小主人公的母亲不在了，父亲的坚强深深打动了我的心，读着读着，我已经泪流满面了。"我们看到《儿童文学》的封面都惊叹不已，封面的图画就给人想读的欲望，看到封面就开始天马行空地猜测书中的内容，思绪浮想联翩，真想钻到书里面去。

每天有一个时段自己阅读，每周有一节专题阅读课。读书课的形式多样，内容丰富，有时进行讲故事比赛，有时比赛背《论语》，有时比赛背古诗，有时比赛朗读课外书中看到的佳句名篇，有时读一读自己写的阅读感言……每周评出一名"悦读之星"，我们都很努力。老师这样做，就是让我们每一个孩子都有讲的机会、练的机会、展示的机会，最重要的是让我们都能真真切切地感受到阅读的快乐！

今年四月，是我们班的读书月，老师让我们全班都读曹文轩的作品，不但自己读，也邀请爸爸妈妈和我们一起读。4月23日世界读书日，我们班全班同学以及父母到普洱市图书馆开展读书活动——"阅读，让我们的世界更精彩"。我们交流阅读曹文轩作品的收获，爸爸妈妈也谈了和孩子共读的感受。受书的熏染，我们变得更自信、更淡定从容。学校组织的"读书节"比赛活动，韩雨啸连续三年被评为"听写大王"；小合唱、课本剧、诗朗诵等比赛，我们班都取得优异的成绩。去年11月，我们班代表学校去参加思茅区"经典诵读"比赛，我们获得了第一名的优异成绩，后来我们还多次代表学校到校外进行交流表演。今年5月初，我们班的读书大王——徐诗涵，代表思茅区第一小学去参加思茅区举办的"老师，您好！"演讲比赛，荣获小学组第一名。如果没有书的熏陶，没有知识的积累，就不会有我们今天的成绩。

老师自己潜心读书，她经常给我们讲她的"大道理"：阅读是一个人从咿呀学语到生命结束都不可以停止的事，你的阅读能力决定你未来的高度。正是她的不断鼓励，让我们立志一定要成为一个终身阅读者。她常常说，只要读书不止就希望无限，也许你现在还不是很优秀，但如果有了良好的阅读习惯，你一定就会走得更远，飞得更高！

悦读，让我们学会感恩，学会做人，学会爱自己、爱家人、爱脚下这片广袤的土地。悦读，让我们快乐成长，让我变得更睿智，让我们更早的成就未来的自己。

《重要书》解读

在孩子成长中发现自己，寻找属于自己的美丽。

《重要书》？看到书名，你一定会很好奇：重要书？为什么重要？有多重要？

翻开绘本，这里探讨的有玻璃、苹果、雏菊，还有雨滴、天空，当然还有你……想过吗？它们都有着各自神奇、有趣、可爱、重要的妙处，当然，你也是一样！

这是一首清澈、灵动的图画诗。生动、自然的诗句跳跃在图画之间，充满了生命力，唤起了我们内心深处的种种美妙。雨的湿、雪的白、风的动、天空的静，痒酥酥的雏菊香、青愣愣的芳草味……简明的语言，烘托出内心深处最真切的感受，而它伴着循环往复的音乐感和韵律美，又最易于被儿童接受和模仿。合上书，孩子们会说出一连串属于自己的"最重要"。

这是一卷充满诗意的精美画。精致的线条、细腻的笔触，彩色与黑白交替出现的页面布局，带来视觉上的起伏跳跃。绘者以写实的画风，将宁静、幽雅送进我们的心田。在这里，我们能摸得到云动，能闻得到果香……让平日看来再普通不过的事物，重新焕发出令人惊叹的光彩：雏菊娇小的花瓣、草叶优雅的曲线、雨珠晶莹剔透的光泽都被描绘得淋漓尽致。近距离的接触、别样视角的观察，它好像带给了我们一双神奇的眼睛，让我们发现了曾被忽略的细节美。

在书中，作者描述了很多事物属于它们自己的特点，那么你呢？本书的大读者和小读者，对于你来说最重要的是什么呢？绘本把足够的空间留给了

第四篇　随笔感悟

读者。我们认识自己吗？我们了解自己吗？是善良、勇敢、坚强？还是会唱歌、爱跳舞？这对其他人来说也许不那么重要，不过，我们应该有信心坚持和发展自己的特色。"你就是你"！认识自己，发现自己，坚持自己，这才是最重要的！

对于善于观察的小读者来说，这本书的故事似乎永远也讲不完，"对于……来说，最重要的是……"，不断地启发我们去观察和思考周围的一切，不断地创造出更多新鲜的想法，更会不断地把这个话题进行下去……来，听听孩子们的声音吧，如"对糖果来说，最重要的是它甜甜的。把它放进嘴里，它在我的口中融化。但是，对糖果来说，最重要的是它甜甜的。"

或许，这些描述还显得有些表面或幼稚，但是正是因为它的稚嫩，在无意间反而会抓住事物的本质，或传递出内心深处的真诚和纯美，让我们充满惊喜和感动！

让我们用眼睛去观察周围的一切：熟悉的、陌生的、特别的、普通的……

让我们用语言去描述周围的一切：优美的、生动的、诗意的、幽默的……

让我们用心去感受周围的一切……

在这里开始，跟随作者一起，跟随自己的内心，去发现世界的美，也找到属于我们自己的美！

对于水来说，最重要的是能喝。它有时很活泼，天一热，就会跑到天上玩，天一冷，又会懒得动也不动；有时它也很调皮，一会儿变成方形，一会儿变成圆形，就看它和谁一起玩了，不过，对于水来说，最重要的是它能喝。

不留心，看不见的世界

　　我们的自然笔记——奋斗的植物。"大雪"节气，阳光透过树叶照射在孩子们的脸上，温暖而又柔软；枝叶茂密的小树上，小鸟在啾啾地欢唱；不知名的小花恣意怒放，小草翠绿翠绿的，一切的一切并没有因为冬天的到来而错过和放弃，这就是普洱的冬天。一群孩子来到了湿地公园，开始了他们的探索之旅。

冬天的风

肃杀清冷，我却知道

孩子们就如春天的嫩芽

正跃跃欲试

云雾散去，

太阳露出来笑脸

那是鼓励

丛林里，新叶向上浮动，

光和影重叠交织。

每一棵植物，

从一粒小小的种子开始，

就得为生活而奋斗。

它要用尽力气，

想法子从土壤里钻出来，

没有父母可以依赖，

没有别人来帮忙，

一切都要靠自己。

风吹雨打，

日晒水淹，

它们都得忍受，

要是不坚强，克服不了困难，

就没有办法生活下去……

太阳从东边升起，新的一天开始了。

新的日子里，有新的事情要做。大人有大人的事、小孩有小孩的事，鸟兽、昆虫也有它们自己的事，大家都很忙。

在忙碌的生活中，你看到青青的树、红红的花，也许会羡慕地想：植物真舒服，不用读书，不用做事，就能长大。其实，植物也都很忙，它们也要工作，也要努力奋斗，才能生活。今天孩子们就走进植物的世界，寻找植物的秘密，感悟人生的真谛！

最近带着孩子们阅读了一本书《植物的奋斗》，启发很大，于是趁着周末带领大家到湿地公园，让孩子们去发现、观察不一样的植物世界。大家先采集自己最喜欢的叶片，然后努力把它画在纸上。画得不像并不重要，重要的是你从植物身上发现了什么？孩子努力画着、思考着、写着……

希望孩子们从植物的身上受到启发，真正明白"宝剑锋从磨砺出，梅花香自苦寒来"的道理。懂得做人的道理：做人不需要去追求那些虚荣，不需要为自己的渺小而感到自卑，因为决定成败的不是你尺寸的大小，而是要做个最好的你！遇到困难要勇于克服，相信成功就在不远处！努力即奋斗。幸福的生活是奋斗出来的。世界上的所有的生物都在努力生活。植物努力吸收养料成长，草原的动物努力奔跑为了生存。人也不例外，没有不劳而获的东西。你只有努力才能获得。

从讲故事到讲述

有一片茂密的大森林，那里树木茂盛，高大挺拔，郁郁葱葱。藤蔓缠绕着灌木丛，向四处蔓延，你拉着我，我牵着你，就像好朋友结伴同行。早晨的阳光透进密密层层的树叶，照射在那些不知名的小花身上，它们肆意绽放，小草摇曳生姿，大森林醒了，小动物们也醒了，新的一天开始了。

一只大老虎，也走出家门开始寻找食物了。他东看看西瞧瞧，一会儿驻足停留，一会儿快步流星，走着走着，突然一只小狐狸"嗖"的一声，从老虎身边窜过，估计小狐狸走得太急了，没看到大老虎。

这下小狐狸会怎么样呢？

老虎眼疾手快，"啪"的一声，猛扑过去，一下逮住了狐狸。老虎心里暗暗高兴，这幸福来得太突然了嘛，感谢老天有眼啊！今天我可以美餐一顿了。红烧还是黄焖？对了，再把我藏了几年的酿酒拿出来，想着想着不住地咽口水了。

而狐狸呢，被老虎大爪子按住，动弹不得。大家知道，狐狸是动物中最聪明的，也是最狡猾的。只见他眼珠子骨碌一转，沉着地扯着嗓子大声问老虎："请问，你敢吃我吗？"

"为什么不敢？"老虎听了一愣，这句话一下子把他从美梦中拉回到了现实，突然清醒了。

狐狸理直气壮地接着说："老天爷派我来管理你们百兽，你吃了我，就是违抗了老天爷的命令。我看你有多大的胆子！"

老虎被蒙住了，急忙松开了爪子。不会吧，我本来就是森林中的百兽之王，老天爷这是怎么回事啊？换大王了吗？

狐狸看着老虎纳闷的样子，摇了摇尾巴，接着说："你不信？那就让我带你到百兽面前走一趟吧，让你看看我的威风。"

老虎故作镇定沉思了一会儿，我不能被这个狡猾的狐狸骗了，我倒要看看，到底谁是大王，走就走吧，哼！谁怕谁。于是，老虎不屑一顾地说："开路！"就这样，老虎跟着狐狸朝森林深处走去。狐狸神气活现，摇头摆尾走在前面；老虎半信半疑，东张西望走在后面。

清晨的森林和往常一样，小鸟在枝头唱着动听的歌，松鼠妈妈带着宝宝在嬉戏，小熊扭动着笨笨的身体在散步……不知谁大叫一声，老虎来了。野猪啦，小鹿啦，兔子啦，顺着喊声望去，只见狐狸大摇大摆地向他们走过来，步伐跟往常都不一样，趾高气扬的神态，六亲不认的样子，大家都很纳闷。再往狐狸身后一看，呀，一只大老虎！大老虎依然是那副凶猛的样子，迈着沉稳的步伐，虎视眈眈地盯着周围，大家一看这架势，大大小小的野兽吓得撒腿就跑，一转眼的工夫，什么动物都不见了。

这是怎么回事呢？老虎觉得太奇怪了，狐狸说的是实话，我真的不能做大王了，想到这，老虎沮丧极了。哈哈，其实是老虎受骗了。原来，狐狸是借着老虎的威风把百兽吓跑的。

听了这个故事，你想不想对老虎说什么？

典型的家长类型

班级里有多少个孩子就有多少种家长，而且是双倍。细思，老问题新问题层出不穷，真要理清楚，那就不用教书了，各种分析、对症下药，伤透了脑筋。新思想对付老问题不管用，老办法对付新观念也行不通，反思、学习，的确找不到一个教育的模式，一千个孩子就要用一千种方式教育。

典型的家长有以下两种：

1. 跟风型家长

这类家长没有读太多的书，缺乏判断力，想法单一。例如，别人家的孩子学钢琴，自己家也不落后，不管孩子有没有兴趣，连哄带骗上了"船"，一节课40分钟，150元，省吃俭用交个半年的费用。开始坚持不懈，天天练琴，信心百倍，能弹出曲子了，哪怕别人觉得聒噪，自己却有些小自豪。日子久了，家长找各种理由不坐在旁边陪练了，技术技巧方面自己又不懂，枯燥无味又不能说，因为别人家的孩子都会。继续学习，曲子弹得断断续续，在培训班老师的"鼓励"下，报名考级。一年、两年，坚持不住了，抱怨孩子没有毅力，美其名曰，学的东西太多了，兼顾不了，培养艺术家的念头肯定无奈又失落，放弃，有些不甘，坚守，又做不到，大人都难做到。上万元的钢琴成了摆设，成了艺术品，从此"封琴"。几年来的时间、精力、金钱、性格、品质……没有考虑过。

2. 权威性家长

大事小事都是家长说了算，认为孩子还小，根本不能让孩子来决定是否。低年级时，可以这样做，随着年龄的增长，久而久之，当你需要孩子自已做决定，应该有自己的选择时，孩子已经不会思考问题了，蜕变成了一个完全依赖家长的孩子，永远长不大，凡事家长说了算。表面看似风平浪静，并且习惯了你在为他做主，因为你的决定都是真理。孩子失去了锻炼的机会，没有参与权，哪怕小事也不会解决了。你的笔借同桌用一下吧？我问问我妈。下午第三节课的兴趣班，你要参加什么？我问问我妈。春游你想参加吗？想，但是我要回去问问我妈。……青春叛逆期到了，作为家长的你，将束手无策，焦躁不安，郁闷烦恼，抱怨心累，让家长操心太多，多么羡慕别人家的孩子啊！追溯根源，是家长的包办代替导致的。刚才那个已经六年级的学生了，任何事情都由妈妈做决定，哪怕是碰到芝麻大的事情，嘴里马上就蹦出"我问一下我妈！"其实孩子是有想法的，他也想去做但是身不由己，总认为自己做决定就都是错的。家长的权威压制了孩子的成长，将变成一个"巨婴"。

告　状

　　经常有老师告状，你们班的小李上课时老爱看课外书；今天我没收了小张的课外书，他不来和我认错，我就不还他的书；还有，课堂上，小徐向我请假上卫生间，我答应了，奇了怪了，10分钟过去了，怎么还不回来，我亲自上卫生间去找，居然蹲在卫生间里津津有味地看书呢！在那种环境看书的孩子，也只有你们班的孩子做得出来了……我听了又高兴又生气，爱看书是好事，批评的同时我会保护好孩子的阅读兴趣的。

　　所教的一个班毕业了，又一个轮回。我很兴奋，我又有了一个新班。一年级的小朋友就如一张白纸，我可以在上面绘出丰富多彩的画面，个性鲜明的风格，形象各异的人物。读书就可以如此。

　　读什么呢？绘本是首选，给一年级的孩子读绘本简直就是一种幸福，一下子就沉浸在了书中的故事里。于是我每天读，读着读着孩子们就都爱上了听书。之前就是读，声情并茂，抑扬顿挫，一字不落，读得干干净净，没有多余的语言。后来，读着读着就发现了很多秘密，自然而然就挖掘出了书中的宝藏。现在，只要一拿到绘本，我就有一种莫名的兴奋。孩子们从不会听到会听，到进入角色，我激动的心情无与伦比，我和孩子们一起疯狂，一起欢笑，一起伤心……

　　从小没有浸润过曼妙文字的我，极其缺乏品读能力，那些经历了时间洗礼而成为经典的作品，我在初读时常觉索然无味。但我依然固执地根据专家学者推荐的书目每天给孩子们读，《朗读手册》说，大声给孩子读书吧！我坚信，孩子们也一定会听着听着就懂了，然后，有一天，主动捧起书来读。

第四篇　随笔感悟

大声朗读已经成为神圣的使命和仪式，哪天不读，心里便觉得缺了一块。有时课程教学太紧了，想找理由放弃，但是又一想，不行，坚持就是胜利！每天就10分钟，一个学期下来，不是一个小数目。我不相信，我努力去做，还培养不出爱读书的孩子吗？

后来我发现，一年以后，有的孩子已经看了好多本文字书，并做到了痴迷。据小邓妈妈说，一年时间，一个8岁的孩子已经看了很多本书了。爸爸妈妈还在不断地买书……

我有些怀疑孩子读书那么快，能看进去多少呢？我经常在他们毫无准备的时候，检查他们是否在真看书。说一个故事的题目，小邓就可以把故事复述得情节清晰；思沂讲起故事来没有一个多余的字，一板一拍，不急不躁，完全是背故事，真了不起！茜植是创编故事的高手，一讲就停不下来，还惹得同学们哈哈大笑。

偶尔瞥见二年级的学生数学课上开小差读课外书，我也装作视而不见，又怕孩子养成不听讲的坏习惯，真是左右为难。但是，一会儿又可以和同学们参与到课堂中的各个环节中来，真不知是高兴还是悲哀。作为语文老师，我也每天积极思考如何让课堂变得更有生机，并兼顾到所有孩子。

一年级开始，我就让孩子们背古诗词，一年级教学任务不重，但却是养成良好习惯的重要阶段。在孩子还没有觉得累，不觉得枯燥，不觉得困难时，我就灌输给他们一种学习的理念，学习语文就是要——读、背、记、写，积累、输入、输出。我就举办各种读书活动，把所学的知识运用、展示，让孩子有成就感。一句话，阅读就是语文的根！

学期末，我有些紧张，因为太重视孩子们读书，我都没有花更多的时间去抄抄写写。复习时就发现，孩子们写字不是少一笔就是多一划，横画该长不长，竖画改短又不短，造字先生、创字小姐频频出现。虽然学习生字时，一个字一个字地教，因为练得少，没有牢固掌握，我想：生字强化训练，再次复习，还可以掌握，而阅读兴趣就不是一蹴而就的事了，所以我还是继续我的做法，坚持阅读，因为得语文者得天下！

给孩子的一封信

千颐：

中午听你爸爸说，你给我写了一封信，本打算邮寄，但是你嫌太慢，硬要快递，于是问了我家的地址。我一听，开心极了，心思细腻的千颐会给我写什么呢？会给我一个什么惊喜呢？细细算来，放假也才一个月，前几天我就在微信群里说，想我们班的小可爱了，看视频中的他们，一举一动、一颦一笑、一言一行，更让我思绪万千，不瞒你说，老师的确有"一日不见，如隔三秋"的感觉。千颐，你们已经成了我生命中最重要的一部分！……其实离开学还早着呢，更何况今年很特殊，又将延迟开学，我有些按捺不住了。不知你发现没有，老师在想着各种理由和你们保持密切联系：一会儿需要你们读书时的照片，一会儿需要了解你们最近的寒假收获，一会儿需要你们自学新课的感悟，一会儿又需要你们每天背古诗词的视频，说句心里话，看不到他们，我心里就不踏实。那些照片呀、视频呀、读书笔记呀，我都好好收藏着呢，我把他们做成了美篇，我想，等你们小学毕业时，作为最好的礼物送给你们！悄悄告诉你，我想你们的时候，就把美篇找出来看，美篇中的你们常把老师感动得热泪盈眶……

今天突然的好消息，赶走了我的中午觉。接下来我就开始盼望着你的那封信。一个小时过去了，又一个小时过去了，我的电话怎么还不响呢？电话号码记错了吗？是不是手机没电了，电话打不进来？我又去检查了一下电话，满格的电，嗯，再等等吧！终于，下午6点左右，我的手机响了，不熟悉的号码，肯定是快递员的了。"喂，您好！""鲁老师，我是千颐的姨妈，我帮千颐送一封信给您！"原来快递员是你姨妈呀，有意思。那封装满爱的信，坐上了你姨妈的车，终于送到了我的手里，心里顿时感觉暖暖的。打开信的那一刻，我被你清秀的笔迹，动情的倾诉打动了……假期是用来拉开距离的，你就是我们大人常说的"别人家的孩子"怎么那么优秀呢？一个月的时间，你的书写变漂亮了，笔锋苍劲有力，每一个字都方方正正。因为你平时的大量阅读，语言表达流畅自然，生动感人，老师看出来了，你已经把读书当作了一种乐趣，一种享受！"胸藏万汇凭吞吐，笔有千斤任翕张。"你已经做到了，真好！谢谢你给我的爱！谢谢你爱我，你知道吗？老师也爱你！

这个春天充满了爱和温暖，一切都将变得更美好！

关于节气

  二年级的孩子会背节气歌，但是我们基本上没有给孩子讲过二十四节气相关的故事和文化习俗，很多家长都会不以为然。大数据时代已经来临，时代的列车也越开越快，传统的农耕生活早已经离孩子们远去。科技的进步，更是让我们对时间和气候的掌握也越来越精准。在生活节奏逐渐加快的今天，把传统二十四节气带给孩子，是很有必要的。今天是1月6日，小寒。北方大雪纷飞，河水封冻，寒风凛冽，小寒如期而至。南方却如春暖花开，暖暖的阳光，暖暖的气候，就如一句俗语说的：你在北方裹着貂，我在南方露着腰。我们的祖国的确是幅员辽阔。

  小寒虽然名字里带个"小"，寒冷的威力却是最强的。今天我们迎来了二十四节气中的第二十三个节气——小寒。从公历来看，小寒却是每年的第一个节气。此时太阳位于黄经285度，之后，我国的部分地区便进入了一年中最寒冷的时期。但是小寒的冷意常常会胜过大寒，数九歌里的"三九四九冰上走"也恰好是小寒节气。隆冬时节，数九严寒，俗语中也有"小寒大寒，冻成一团"的说法。

  从字面上理解，人们会以为大寒冷于小寒，但在气象记录中，小寒却比大寒冷，可以说小寒是全年二十四节气中最冷的节气，因此又有"小寒胜大寒"之说。为什么小寒时的气温要比大寒低呢？小寒的上一个节气冬至，地面得到的太阳热量最少，但土壤深层还有一些热量可以向上散发，所以冬至并不是全年最冷的时候。小寒节气正值三九严寒，许多民俗与御寒相关。到了小寒，土壤深层的热量散失到了最低点，尽管白天稍长，太阳的光与热也略有增加，但实际这是最入不敷出的时期，于是成为全年最冷的时节。《全宋词》中有无名氏的词句："小寒时节，正同云暮惨，劲风朝烈。"正是写小寒之冷。既然小寒更冷，为什么要在小寒之后又加一个大寒，而不是先大寒再小寒呢？中国传统文化讲究"物极必反"，大寒之后迅速回暖，于是人们就将大寒时节作为寒之极致，置于小寒之后。现在我们好像没这些农耕的常识了，特别是城里的孩子，一到小寒、大寒的时节就裹得像个小粽子一样，都没有什么户外活动了。其实这样真好吗？有的时候我在冬天盼一场纷纷扬扬的大雪，希望冬天要有冬天该有的样子，每个季节的物候要如约而至，这叫"天时从不负人心"。《月令七十二候集解》对于小寒的三候是这样说的："一候雁北乡，二候鹊始巢，三候雉始雊（gòu）。"

"画图数九"就是其中之一。数九计数，书法描红，既能求得消寒，也是冬日里一种消遣怡情的养生方法。在故宫养心殿后殿，挂有一幅图，上书"管城春满"，下面九宫格内从右至左写有九个双钩空心字："亭前垂柳珍重待春风"，每个字繁体都是九笔，这便是"九九消寒图"。"管城"是毛笔的别名，有笔成春满庭之意。每年冬至节前挂在室内，从头九第一天开始填起，逐日填廓，每天一笔，每填写完一字，便是一九，句成而九九八十一天也就过完了。

讲完这些知识以后，我就在教室里挂上了"九九消寒图"，轮流让每个孩子每天在字上涂一笔，当然是从一九"亭"开始了，想涂什么颜色就涂什么颜色。这样既让孩子们感知季节的变化，也看出了孩子的内心世界，拓展延伸，学以致用，让孩子学到课本以外的知识。

二十四节气是传统文化中一个部分，把传统文化带给孩子们，是让孩子们更清楚地看到我是谁，我从哪里来？并且在未来让他们有可能寻找到自己更宽阔的生命的道路，很清楚地明白我将要到哪里去。传统最重要的是回到孩子们当下的生活当中，让他们更多地感受到生命的欣喜和愉悦，而不是再加上一道新的绳索。二十四节气是大自然的节奏，也是我们祖先生活的节奏。把二十四节气带进教室，是想让孩子在喧哗的世界中，找到生命的安适自在。

新的一天

　　昨晚下了一夜的雨，很大，时间很长。早上6点就醒了，心想：下雨天得早出发，不然又要严重堵车了。洗漱、挑选衣服，这是我每天早上最纠结的事。我一直认为：虽然衣服不贵，但是要穿出心情，当然还要考虑今天的活动安排，天气情况……适合穿什么！这个年纪，身材开始变得有些富态了，我注意饮食，注意锻炼，可还是控制不住。心宽体胖吧！不过，我认为更主要的是心情愉快！虽然我也想像小姐姐们一样青春、靓丽，但年龄、职业不允许，端庄、得体，最好优雅。

　　开心的磨磨蹭蹭一番，6：40带着好心情准备出发，关上门的瞬间，客厅里花的清香也随手带了出来。昨天傍晚，路过一个商场，一家店庆过后，一束一束的鲜花丢弃一旁，虽然有些蔫了，耷拉着脑袋，但还是不影响它的美。女儿过去问店员，她们说如果我们喜欢，尽管去拿。我们俩听了一阵窃喜，居然可以不用花一分钱，把美丽带回家，真是太好了。挑啊、选啊，不一会儿就拿了一大把，有红玫瑰、蓝玫瑰、粉玫瑰、百合，还有几种叫不出名儿的花，我只顾欣赏它的美，就忽略了它们的名儿。回到家，剪枝、修叶、插花，不一会儿，花香就溢满整个客厅。虽是捡来的花，却也增添了美，还装饰了我们家。

　　雨一直下，依然很大，车玻璃窗上的雨刮不停地"唰唰唰"，刚出门就开始堵车了，这也是我预料之中的，没事！打开车上的收音机，听起了新闻：疫情还不能让人们放松警惕……这又把我的思绪带到了半年前，一个不平静的春节，敬畏、敬业、感恩、职责……车一点一点地慢慢挪移，走走停停，随着车流，整整一个小时，我来到了学校，天也开始放晴了。校园里足球场还是湿漉漉的，草地里的小水洼像一面无形的镜子，像一座座小小的湖泊，像一洼洼天然的小鱼塘，映出了天空，映出了树木，映出了教学楼的一角。

感谢这段时间，让我有空沉思、默想。

新的一天开始了！

两个优秀的小女孩

学校第八届艺术节"三独"比赛如期举行。在年级的"独唱"海选中，班里唯有龙柳伊进入决赛。中午2：30，龙柳伊走进教室，精心化了妆，身着公主裙，有些奢华的刺绣，那飘逸的裙摆，高贵的颜色显得很独特，是紫色系列的。紫色是一个较为亮眼的颜色、高贵、优雅，我也非常喜欢，那公主裙穿在身上顿时气质非凡。小公主的范儿，自信、大方、笑容满面，和我请了假就走出教室准备去参赛了。我静静地欣赏着她的小背影，公主裙配上瘦瘦的身材，瞬间化身为小仙女，步子是轻盈的、欢快的，仿佛在告诉大家：没获大奖也没有关系，凡事都要勇于尝试！我感叹道"初生牛犊不怕虎"。

经过紧张的角逐，比赛结果出来了，惊喜的消息传来，荣获一等奖。这着实有些意外，一等奖里的一匹黑马。没有经过专业的训练，属于那种纯天然的声音，不算天籁之音，但听着又觉得很甜美、自然，这就是天赋吧！接下来妈妈的反应很淡定，没有惊喜之余的冲动：不会去报声乐培训班，还是要以文化学习为重！

接下来第二天的钢琴比赛，她也轻松获得了一等奖。她的同学杨茜植也是邻居告诉我们：早上六点，我就听到龙柳伊弹钢琴的声音了，她很努力，我要像她学习！教室里一片哗然，难怪呢，那么拼，一等奖非她莫属。这成了班里的佳话。比你优秀的人都还那么努力，你凭什么不努力呢？再回想一下，下午第二节课才比赛，第一节课她人虽然坐在教室里，心已经飞到比赛现场了。我看到她早已陶醉在音乐中，小手指一直在课桌上跳动，一定是在练习着将要比赛的曲目，她的确很用心，竭尽全力地去做好喜欢的事情！又树立了一个榜样，真好！

赵婧雅，白皙的皮肤，高高的个儿，美丽大方，别人一看都夸：你们班这个女孩长得真好看。因为会弹钢琴，气质非凡，被悠扬的琴声熏陶的缘故吧！钢琴是乐器之王，女孩学会了它，仿佛就是加冕成了女王。喜欢音乐的人都知道，每一首曲子都是一个故事，每一首曲子都能对应一个心情，而能够娴熟的通过钢琴来演绎这个故事的女孩就更不得了。她弹奏的是《天空之城》。（音乐赏析：那悠扬的琴声告诉我们，仿佛有一只在迁徙中受伤的大雁，正在那旋律之中奋力穿行，她飞得那么孤独、忧伤，可又是那么坚定而热情……）

她的自信也是被钢琴熏出来的。言行举止都融入了那美妙温婉的旋律中，弹起钢琴来神情专注、自信从容，完全陶醉在那美妙的乐曲声中。大家都知道想学好钢琴是非常难的，需要有时间的沉淀，意志的磨炼，技巧的训练，除此之外还要有对音乐的喜爱和艺术的鉴赏能力，得靠毅力去练好一首曲子，这样一个愿意将生活投入到如诗般美丽篇章里的女孩，难道不会更加惹人喜爱吗？婧雅妈妈说，她练琴是发自内心的，很用心，每天自觉练琴，一弹就是一个多小时，对于一个8岁的孩子来说，有这样的毅力，能坚持，太不容易了！俗话说，师傅领进门，修行靠自身。妈妈这位引领者，成功的带着孩子步入了艺术的殿堂，学习钢琴如此，那学习上的努力就不用说了！

《一块奶酪》仿写课

今天上第11课《一块奶酪》，刚开始读这篇课文的时候，不曾想这篇课文会带来什么惊喜，又想这是一篇新入选的课文，应该有入选的理由，好好品味吧！当我细细品读了之后，才发现它是一篇特别美好的童话故事，借物喻理，如此巧妙。表面上看，故事好像是以描述事物为主的，其实，本质目的是为了说明某种道理，它把所要表达的情感、道理都穿插在里边。不用说教，娓娓道来。

你喜欢那位蚂蚁队长吗？这样的提问很接地气，小朋友们就会将心比心，设身处地地把蚂蚁队长当作自己，遇到这样的事，你会怎样处理？故事创编得太巧妙太完美了。带着孩子们一起品读课文，一起思考，一起去发现文中美好的一切。课文上到这还没有完，令我期待的是记忆默写。我让孩子们立刻拿出笔和本子，合上课本，接着把这篇课文默写下来。孩子们一愣，知道鲁老师又有新花招了。我大声说："老师想知道你们谁的记性最好，谁最聪明。"有的孩子提笔就写，有的孩子抓耳挠腮，有的孩子左顾右盼，还有的孩子在交头接耳……我静静地看着他们。

我认为这就应该是最初的仿写。

有一位哲人说过："仿写是写作的开始，是观察的基础，是酝酿的基础，是想象的基础，是积累的基础，也是创新的基础。"很多著名的作家，他们的创作也是先从"仿写"开始的。文学巨匠茅盾说："模仿可以说是创造的第一步。"仿写是根据一篇文章的立意、选材、结构、语言、表现手法等，有目的地进行模仿的一种写作方法。仿写是提高作文水平有效的方法。

仿写不是机械模仿，更不是抄袭。仿写，首先要对模仿的对象细心揣摩，敏锐地发现优秀作品在写作上可供学习借鉴之处。平时阅读优秀作品，除了要准确把握作品的内容、主旨，获得情感体验之外，还要想想：作品哪些地方打动了自己？为什么能引起自己的共鸣？文章是怎样写的？作者为什么要这样写？这样的写法对自己写作文有什么启示？

富兰克林一开始写作非常差，后面通过模仿高手写作，从而把自己训练成了一个写作高手，详见《富兰克林自传》，然后我就在思考，我能不能模仿富兰克林呢？他模仿高手的文章，用自己的语言表述出来。那我们能不能模仿他训练写作的方法，从而模仿我们老师写的文章呢？照抄当然是没用的，模仿这里指的是用自己的语言表述出来。仿写是在原有的思想生活和语言积累基础上，模仿、借鉴典范文章的某些特点，或某部分来进行创作。仿写不是生搬硬套，更不是抄袭，而是一种巧妙化用和创新的写作方法。学习仿写，要根据内容和表达的需要，选择和确定具体的仿写点，对于你觉得精彩的地方要细心揣摩，想一想作者是怎样写的？然后想想怎样仿写？怎样变通和创新？仿写是写作的开始，是积累的过程，也是创新的基础。

默写能提高学生学习的主动性、积极性，对提高学生的学习效果起重要作用。默写能让教师全面了解学生，了解他们的学习状态和学习效果，从而根据学生的学习情况有针对性进行教学，并提高教学效果。这还不是我的最终目的，我希望孩子们通过默写，学习语言。因为这篇童话故事短小有趣，很适合孩子们。想用这样的方法，既检查了孩子们掌握知识的情况，又想让孩子们学习语言、积累语言、内化语言，求真知、悟道理、明事理，学会写作，为写作打下坚实的基础。

孩子们的创作

学习了《听听，秋的声音》之后，孩子们的创作：

听听，秋的声音

作者：三（1）班

听听，

秋的声音，

蝈蝈在草丛里，

"叽叽"，

好像是在说：秋天到了！

——陈梽嫣

听听，

秋的声音，

蚁王动动蚁蛋，

"咔咔"，

那是小蚂蚁出生的声音，

它迎接秋天的到来。

——陈相蓉

听听，

秋的声音，

菊花张开笑脸，

"呵呵"，

好像在说："我像不像仙子？"

——杨茜植

听听，

秋的声音，

柿子笑红了脸，

"哈哈"，

你看我多像小灯笼啊！

——陆好

听听，

秋的声音，

枫树笑红了脸，

好像在说："秋天来了！"

——和烨卿

听听，

秋的声音，

"吱吱"，

小松鼠忙着找食物，

"吱吱"，

秋天快结束了。

——姜芋呈

听听，

秋的声音，

苹果笑红了脸，

"呵呵"，

我可是秋天的天使。

——李思葶

听听，

秋的声音，

橘子咧开嘴，

"哈哈"，

橘子正在告诉大家秋天到了。

——马润桢

听听，

秋的声音，

柿子笑开了嘴，

绽红了小脸，

好像在说："秋天里我最可爱。"

——邓琪升

听听，

秋的声音，

稻谷笑弯了腰，

"嘻嘻"，

好像在说："丰收了，丰收了！"

——杨子祎

第四篇 随笔感悟

在秋天，

玉米成熟了，

它披着金黄的长发，

在秋天的音乐声中飘飘起舞。

——何宇轩

听听，

秋的声音，

苹果笑红了脸，

"嘻嘻"，

好像在说："快来摘我呀！"

——刀雨昕

听听，

秋的声音，

麦子咧开嘴，

"哈哈"，

像是在告诉人们秋天来了。

——段彦吉

听听，

秋的声音，

花生又香又脆，

"啪啪"，

是花生壳打开秋天的音讯。

——杨函晔

听听，

秋的声音，

苹果姑娘穿上新衣，

"扑哧"，

她笑得那么动听，这是秋天最美的声音。

——张添羽

听听，

秋的声音，

菊花张开嘴，

"嘻嘻"，

是菊花臭美的歌吟。

——钱思妍

听听，

秋的声音，

绿草点点头，

"沙沙"，

是和秋天再见的话音。

——周玥涵

听听，

秋的声音，

稻谷爷爷摆摆头，

"唰唰"，

在秋风里讲着古老的故事。

——张竞予

听听，

秋的声音，

菊花咧开了嘴，

"哈哈"，

是对小朋友们问好的话语。

——张若宸

听听，

秋的声音，

稻子弯下了腰，

"哈哈"，

是向大家报告秋的到来。

——高学钰

听听，

秋的声音，

大雁扇动着双翅，

"扑扑"，

告诉大家冬天要来了。

——段岩汐

听听，

秋的声音，

树叶落下，

"哗哗"，

那是秋天开始的歌韵。

——李苡恩

听听，

秋的声音，

麦穗随风晃动，

"沙沙"，

是向大家报告丰收的喜讯。

—— 肖邦锴

听听，

秋的声音，

谷粒熟了，

指着圆鼓鼓的肚子，

说："秋天来了。"

—— 潘雨辰

听听，

秋的声音，

杏子咧开了嘴，

"呵呵"，

好像在说："快来摘我。"

—— 周政汐

听听，

秋的声音，

稻谷成熟了，

它在秋风里频频点头。

—— 王亿同

第四篇　随笔感悟

听听，

秋的声音，

橙子穿上了金黄色的衣服，

啊！秋天真美。

——自朝懿

听听，

秋的声音，

谷粒在秋风里晃来晃去，

好像在说："秋天到来，我成熟啦！"

——李启铖

听听，

秋的声音，

大树摆摆手臂，

"沙沙"，

好像告诉我们秋天来了。

——李旃宸

听听，

秋的声音，

柿子红了，

"呵呵"，

告诉我们秋天来了。

——李礼想

听听，

秋的声音，

橘子笑了笑，

"嘿嘿"，

我们很甜，快摘我们！

——徐舜尧

听听，

秋的声音，

苹果笑红了脸，

"哈哈"，

秋天来了，我真高兴。

——杨斯涵

听听，

秋的声音，

香蕉先生指着笨重的身体，

"咚咚"，

它告诉大家，丰收的季节来了。

——肖钦予

听听，

秋的声音，

秋菊笑了笑，

"哈哈"，

好像在说："你们看，我最美！"

——李源朔

听听，

秋的声音，

第四篇 随笔感悟

大树抖抖手臂，

"唰唰"，

好像在说："秋天来了！"

——宋玉龙

听听，

秋的声音，

菊花满脸笑容，

"呵呵"，

好像在说："我是菊花仙子！"

——吴晨溪

听听，

秋的声音，

苹果笑红了脸，

"哈哈"，

他告诉大家："秋天来了！"

——王思沂

听听，

秋的声音，

秋菊跳起舞，

"叮叮"，

好像在说："你们看，我最美，我就是秋天！"

——李语天

听听，

秋的声音，

梨成熟了，

"咚咚"，

告诉大家秋天到了。

——林峻熙

听听，

秋的声音，

玉米在风中摇摆，

"嘻嘻"，

好像在说："我是秋天的使者。"

——杨叙涵

听听，

秋的声音，

谷子们点点头，

"唰唰"，

好像在："说谢谢你，农民伯伯。"

——瞿千颐

听听，

秋的声音，

柿子笑红了脸，

"呵呵"，

秋天里数我最可爱。

——邵柏橙

听听，

秋的声音，

第四篇 随笔感悟

苹果笑红了脸，

"哈哈"，

它告诉人们，我就是秋天。

——朱沿锡

听听，

秋的声音，

果实成熟了，

"咚咚"，

他们掉下来了，

都说这是丰收的季节。

——李博涛

听听，

秋的声音，

凉爽的秋天吹过，

"呼呼"，

扇走了夏天的炎热。

——黄俊涵

听听，

秋的声音，

橙子摆摆头，

"咔嚓"，

我听到它说：我成熟了，快来摘我。

——施宇睿